안녕, 안녕

일러두기
'나가는 말'은 저자가 (사)기독교윤리실천운동의 「좋은나무」에 기고한 글을
일부 수정한 내용입니다.

안녕, 안녕

김주련

눈물 나고 실수 많은

날들에게

신율

추천의 글　　가장 큰 선물, 상상력과 언어

김기석 목사 | 청파교회

하나님이 인간에게 주신 가장 소중한 선물은 언어와 상상력이 아닐까 생각합니다. 인간은 자기 외부 세계를 감각기관을 통해 감지하지만 그것을 마음속에 재구조화하여 기억합니다. 구석기인들이 캄캄한 동굴 벽에 그림을 그릴 때 그들은 외부에서 보았던 대상들의 이미지를 추상하여 형태를 표현했습니다. 이미지는 재현이 아니기에 가끔 결합되기도 합니다. 사람의 몸에 사자의 머리를 한 조각이 등장하는 것은 그 때문입니다. 인간은 실제 세계에 존재하지 않는 것들의 상을 그리기도 합니다. 이미지의 나라가 곧 상상력입니다. 우리에게 지각을 뒤흔들어 즉각적인 감동을 불러일으키는 그림도 있지만 우리가 일상 속에서 잊고 있었던 미지의 세계로 통하는 문을 열어주는 그림도 있습니다.

　사람은 또한 언어를 얼키설키 엮어 이야기를 만드는 존재입니다. 언어는 정보나 감정을 전달하는 기본적인 기능 이외에도 사람들로 하여금 뭔가를 하도록 하는 역할을 합니다. 이런 것을 일러 수행적 발화라 합니다. 언어는 또한 사람들의 마음을 하나로 이어주는 친교의 가교 역할을 하기도 합니다. 언어는 또한 우리 기억을 지속하게 하는 내적 범주가 되기도 합니다. 인간은 언어를 통해 분류하고, 평가하고, 감정을 드러내고, 질문하고, 명령하고, 가정하고, 상상합니다. 언어가 없는 인간은 상상하기 어렵습니다. 초원의 동물들은 먹이나 짝을 차지하기 위해 치열하게 다투지만 일단 힘의 우위가 결정되고 나면 마치 아무 일도 없었다는 듯이 함께 지냅니다. 그것은 자기들의 경험을 언어화하여 기억하지 않기 때문이라지요?

어느 사회에서나 언어는 신뢰의 토대입니다. 언어가 타락할 때 사회는 흔들리기 시작합니다. 일찍이 소설가 이청준 선생은 제집을 잃고 떠도는 말들이 서로 음란하게 교미도 하고, 말의 주인인 인간에게 복수를 하기도 하는 현실을 음울하게 묘사한 적이 있습니다. 지금도 우리는 냉소와 혐오, 거짓말과 이간질, 입에 발린 말과 아첨, 악담과 험한 말이 넘치는 세상에 살고 있습니다.

그림책은 흔히 어린이들을 위한 책이라는 편견이 있습니다. 그러나 꼭 그런 것은 아닙니다. 어른들도 그림책을 좋아합니다. 그림책의 언어는 평이하고 간결하고 소박합니다. 그림책 속에 그려진 그림들은 스토리를 파악하기 위해 앞으로 치달리려는 우리 마음 앞에 세워진 멈춤 신호입니다. 그림은 저마다의 서사성을 가지고 우리를 기다립니다. 그림을 보는 순간 우리는 잠시 뭔가를 떠올리거나 생각하게 마련입니다. 그림책 속의 그림은 서두르지 말고 함께 마음을 나누자는 일종의 초대입니다.

그림책을 좋아하는 어른들은 어쩌면 파시스트적인 속도로 우리를 몰아가는 세상에 지친 이들이 아닐까요? 그림책은 '이상한 나라의 앨리스'가 흰토끼를 따라 들어갔던 토끼굴인지도 모릅니다. 그 속에서 우리는 세상 이면의 진실에 눈을 뜹니다. 그림과 극도로 절제된 언어만으로 이루어진 책들을 읽으며 우리는 깊은 침묵의 세계에 들어갑니다. 침묵은 말이 없음만을 뜻하지 않습니다. 우리 속에서 들끓고 있던 정념과 생각이 잦아든 상태입니다. 깊은 침묵 속에서 비로소 우리는 본연의 삶에 눈을 뜨게 됩니다.

작가 김주련이 『안녕, 안녕』에서 가만가만 들려주는 그림책 이야기는 삶에 깃든 신비와 영원의 광채 앞에 우리를 세웁니다. 가르치려는 태도는 일체 내려놓고 낮고 차분한 어조로 들려주는 이야기를 읽으면서 '그렇지, 사람 사는 게 그런 거지' 하고 공감하곤 했습니다. 착한 사람이 살기 쉬운 세상이 좋은 세상이라지요? 이 책은 세상의 어지러운 현실을 직시하면서도 우리를 또 다른 삶의 가능성 앞으로 초대하고 있습니다. 그 초대에 기꺼이 응하는 이들은 우리 영혼을 토닥토닥 두드려 주는 작가의 손길을 느낄 수 있을 겁니다. 그리고 그 손길 너머로부터 오는 또 다른 으늑한 손길도.

들어가는 말

"여전히 난 가난한 도둑처럼 살고 있어요. 책의 셋집을 옮겨 다니며 다른 이들에게서 훔쳐 온 것들로"

진은영 시인의 「한 시인에게 보내는 편지」에 나오는 문장입니다. 이 책은 그림책 작가들의 책 집을 부지런히 드나들며 훔쳐 온 빛나는 보석들에서 발견한 이야기입니다. 제 나름 갈고 닦아서 좀 더 그럴듯하게 보이고 싶은 마음이었지만 혹시 조금이라도 반짝이는 부분이 있다면 진짜 주인의 넉넉함에서 비롯되었을 것입니다. 그래서 처음부터 고백합니다. 지금도 구석구석에서 뜻밖의 위로와 감동을 만들어가는 이 땅의 그림책 작가들께 감사 인사를 전합니다. 덕분에 순간순간 행복합니다.

그리고 저에게 그림책에 눈을 뜨게 해준 『프레드릭』을 알려주신 잠잠이 김소연 시인께, 『소년과 두더지와 말』을 알려주신 김기석 목사님께 특별한 감사 인사를 드립니다. 저에게 그림책으로 뭔가를 쓰고, 말할 수 있도록 영감을 주신 분들입니다. 또한 책의 성격상 잘 어울릴 것 같지 않은 원고를 무려 13회에 걸쳐 연재할 수 있도록 배려해주신 『복음과상황』과 이범진 편집장께 고마운 마음을 전합니다. 이 책은 『복음과상황』에 연재했던 글을 다시 수정보완하고, 두 편의 글을 더해서 새롭게 엮어 냈습니다. 연재를 시작하지 않았다면 틀림없이 이 책은 아직도 이런저런 생각들로만 여기저기 뒹굴고 있을 것입니다. 그리고 이 글의 일차독자가 되어 때마다 적실한 조언을 주었을 뿐만 아니라 적극적으로 그림책을 소개해준 애란과 글에 딱 맞는 옷을 입혀준 정인에게 고마움을 전합니다. 그리고 엄마를 전적으로 보살펴주시며 내게는 늘 걱정하지 말라고 말해주는 두 언니께 머리 숙여 감사인사 드립니다.

그리고 지금 이 책을 읽고 계시는 분,
고맙습니다.

2022년 가을에
김주련 드림

차례

안녕, 안녕

안녕하세요?Annyeonghaseyo

➡ Are you in peace?

안녕히 계세요.Annyeonghi Gyeseyo

➡ Stay in peace.

안녕히 가세요.Annyeonghi Gaseyo

➡ Go in peace.

　"Are you in peace?", 영화 〈스타워즈〉에나 나올 법한 인사를 한국인은 일상에서 나누느냐며 학생들이 일제히 웃었습니다. 소설 『초급 한국어』에 나오는 한 장면인데 뉴욕의 대학에서 한국어를 가르치는 문지혁이 '안녕하세요?'의 뜻을 묻는 학생에게 위와 같이 설명하자, 학생들이 웃음을 터뜨린 것입니다. 집으로 돌아오는 길에 문지혁은 뜬금없이 헤어진 여자 친구 안부를 궁금해 하다가 학생들의 웃음이 다시 떠올랐습니다.

"우리는 왜 그토록 서로의 안녕에 집착하는 걸까. 어쩌면 그건 '안녕'이야말로 우리에게 가장 절실한 것이기 때문은 아닐까?"

문득 나의 하루를 돌아보니 오늘만 해도 '안녕'이라는 말을 꽤 많이 사용했습니다. 사실 가능하면 더 많이 사용하고 싶은 말입니다. '안녕!'하고 말하는 순간, 상대가 누구이든 내 입에 웃음이 담기는 느낌이 참 좋습니다. 우리의 '안녕'은, 'hi'나 'hello'처럼 단순히 스치고 지나가는 정도의 인사를 하는 미국 학생들이 이해하기 힘든 '평안平安'의 부탁이 담긴 안부의 말입니다. 몸도 마음도 평화로운 상태이기를 비는 기도의 언어입니다. 물리적 거리두기로 대면하여 만날 수 없는 시절을 보내면서 이 '안녕'이라는 말이 더 애틋하고 더 알뜰히 보살펴야 할 보물 같기도 합니다.

난 무섭지 않아

"안녕" 하고 시작하는 그림책이 있습니다. 찰리 맥커시Charlie Mackesy의 『소년과 두더지와 여우와 말』입니다. 책을 열면 바로, 길을 잃었는지 아니면 집을 잃었는지 모를 소년이 오도카니 앉아있습니다. 그 곁으로 까만 두더지 한 마리가 다가옵니다.

"안녕."
"난 아주 작아."
"그러네."
"그렇지만 네가 이 세상에 있고 없고는 엄청난 차이야."

소년이 두더지에게 건넨 "안녕"이라는 말과 함께 시작된 여행, 그리고 덫에 걸린 여우와의 만남, 날고 싶지만 날 수 없는 말과의 만남이 이어지면서 '안녕의 여정'이 펼쳐집니다. 책 전체에 나오는 잠언 같은 문장들이 바람을 따라 계속 움직이는 느낌을 주는 그림들과 어울리면서 '안녕'이라는 말이 때로는 위태롭고, 외롭고, 격정적이고, 아무것도 아닌 순간들과 조우합니다.

하지만 길 가는 내내, 이렇게 저렇게 차곡차곡 안녕을
건사해가는 친구들의 우정을 만날 수 있습니다.

"안녕."

아주 작은 두더지를 만난 소년이, 떠돌아다니는 말
을 만난 두더지가 각각 건넨 인사입니다. 그리고 잠시
후 특별한 동행을 하는 소년과 두더지를 만난 말의
인사입니다. 그런데 말을 만나기 전에 소년과 두더지
는 여우와의 만남에서는 '안녕' 대신에 "난 무섭지 않
아"라는 말로 인사를 건넵니다. 여우의 처지가 안녕
하지 않기 때문입니다. 사실 여우는 덫에 걸린 채 차
가운 눈밭에서 몇 시간, 혹은 몇 날을 옴짝달싹하지
못하는 상황이었습니다. 오랜 시간 고통 속에 울부짖
느라 여우의 눈엔 핏발이 섰을 테고, 다리는 피투성이
가 되어 있었는지 모릅니다. 그런 여우에게 '안녕'이
나 '잘 지내니'라는 인사는 한 치도 가닿을 수 없는 무
력한 말이 되고 말 것입니다. 그러니 이런 상황에서의
진심, 정직한 인사는 두더지가 여우에게 건넨 말 "난
무섭지 않아"일지 모른다는 생각이 들었습니다. 정말
로 무섭지 않은 것이 아니라, 가만가만 무서움을 달

래며 그 속에서 간절히 서로의 안녕평안을 비는 기도
의 언어였을 것 같습니다. 이렇게 "안녕"은 겉으로 보
기에 평화로운 상태에서 가벼이 오가다 사라지는 인
사와는 결이 달라 보입니다. 두렵고 떨리는 상황에서
"난 무섭지 않아" 하며 자신의 내면을 다독이고, 날
선 상황을 누그러뜨리는 말로 새롭게 번역되어 읽힙
니다.

"난 무섭지 않아"

두더지는 자기의 안녕만을 주문처럼 외우면서 자
기의 확신을 고집하는데 몰두하지 않았습니다. "내가
이 덫에 걸리지만 않았다면 널 죽여 버렸을 거야."하
고 으르렁거리는 여우의 공격적인 언어 앞에서 "그러
다가 네가 죽게 돼" 하며 두더지는 작은 이빨로 쇠 덫
을 갉아 고통 속에 있는 여우를 도와주었습니다. 지금
안녕하지 못한 여우의 안녕을 위해, 잠시 자신의 안녕
을 접어두는 용기 있는 사랑의 행동입니다. 너의 안녕
을 지키려다가 나의 안녕이 피곤해지고 다칠 수 있지
만 너의 안녕이 안녕하기까지는 결코 나의 안녕도 무
사하지 못할 거라는 생각으로 몸을 사리지 않고 안녕

하지 않은 일에 개입하고 있는 것입니다. "우리가 어떤 일에 어떻게 대처하는가, 그것이야말로 우리가 가진 가장 큰 자유야." 위험을 무릅쓰고 여우를 도운 두더지의 행동은 작고 작은 그를, 아주 크고 자유로운 존재로 보게 해주었습니다. "안녕" 하고 인사만 건넨 것이 아니라, 진심으로 그의 안녕을 위해 온몸으로 움직이는 말에 대해 많은 생각을 하게 됩니다.

'우리가 그리스도인이니까, 이웃을 사랑해야 하니까, 자신을 희생해야지' 하는 당연의 정신으로 나의 안녕을 잠시 포기하자는 말을 하고 싶진 않습니다. 사실 타인의 안녕이 절실한 사람은 더 깊이 자신의 안녕을 돌볼 줄 아는 사람이라고 생각합니다. 이다음에 커서 친절한 사람이 되고 싶어 하는 소년에게 "자신에게 친절한 게 최고의 친절이야"라고 답하는 두더지의 말 속에서 자기 자신을 잘 대할 줄 알아야 다른 존재를 정성껏 대할 수 있음을 배웁니다. 나의 안녕을 내버려 둔 채 타인의 안녕만을 생각하면, 필연코 '내가 이렇게까지 했으니…' 하며 보상을 바라거나, 아니면 '내가 이렇게까지 했는데…' 하는 피해 심리가 자리를 잡을 수 있습니다. 그러니 매일 아침, 점심, 저녁으로 먼저 나 자신에게 "안녕" 하고 안부를 물으면 좋겠습니다. 아침, 점심, 저녁으로 만날 누구에게 진심을 담은 인사 "안녕"을 건네기 위해서라도 말입니다. 그냥 말이 아닌 뭔가 도움이 되는 인사를 나누기 위해, 안부를 묻는 사람이나 답하는 사람이나 조금은 쓸쓸함을 덜어낼 수 있는 꽤 괜찮은 인사를 연습하고 싶습니다.

잃어버린 영혼

『소년과 두더지와 여우와 말』과는 대조적으로, 자신에게도 타인에게도 안녕을 묻지 못할 만큼 바빠 살고 있는 현대인의 모습을 보여주는 그림책이 있습니다. 올가 토카르추크Olga Tokarczuk가 쓰고, 요안나 콘세이요Joanna Concejo가 그린 『잃어버린 영혼』입니다. 일을 아주 많이 그것도 빨리 잘하는 어떤 사람이, 출장길에 호텔 방에서 어느 날 잠이 깬 후 갑자기 자기 자신을 잃어버립니다. 무슨 일로 어떻게 여기에 온 건지 기억이 나지 않습니다. 다음 날 만난 의사를 통해 다른 약은 없고, 그저 자기만의 어떤 장소에서 영혼을 기다려야 한다는 말을 듣고 변두리에 집을 구해 매일매일 의자에 앉아 영혼을 기다립니다. 그리고 날이 가고 달이 가고 해가 가고 또 몇 해가 가고 나서 어느 날, 찾아와 문을 두드리는 잃어버린 영혼을 만납니다.

어린 시절 잃어버린 자기 영혼이었습니다. 오래도록 "안녕"이라는 말은커녕, 눈길 한 번 제대로 주지 못하고 성공을 향해서만 달리다 자신이 누군지도 모르고 인생을 잃어버린 사람이 비로소 "안녕" 하고 다가오는 자신과 만나면서 영혼이 살아나는 이야기입니다. 책 내지 그림 앞부분은 연필의 어두운 색으로 그려져 있는데, 이 사람이 잃어버렸던 자기 자신과 "안녕" 하며 만나는 순간부터 색연필의 생명력이 살아납니다. 책의 마지막 두 쪽은 생명력 가득한 초록 잎과 붉은 꽃으로 환히 뒤덮여 있습니다. 안녕해진 영혼이 집안을 채우고 집밖으로까지 힘 있게 뻗어나가고 있습니다. 다시는 영혼을 잃어버리지 않도록 영혼을 풍성히 가꾸며 살아가는 모습입니다.

세상의 안녕은 날이 갈수록 위태롭게 흔들리지만 매일 아침, 여기저기에 안녕을 묻습니다. 아침 햇볕에 연둣빛 밝게 뿜어내는 창가의 식물들에게, 거실 천장을 덮을 듯 위용을 드러내는 몬스테라의 구멍 난 잎에게, 씨앗을 받아 심은 부추에서 올라오는 여린 새싹에게, 두 번의 이별 후 세 번째 만에 같이 잘 지내고 있는 마오리 소포라에게도 안녕. 차례차례 인사합니다. 오늘의 나를 향해서 건네는 사적인 안부 인사입니다.

"우린 늘 남들이 친절하게 대해 주기만을 기다려…….
그런데 자기 자신에겐 지금 바로 친절할 수가 있어."

『소년과 두더지와 여우와 말』에서 한 말을 따라 지금 바로 "안녕" 하고 자신을 친절하게 대하는 방식입니다. 내가 건넨 안부로 마음이 두둑한 오늘은, 누구에게든 안녕을 더 잘 말할 수 있을 것 같습니다. 살면서 작고 까만 두더지 같은 사람이나, 덫에 걸려 몸부림치는 여우 같은 이웃이나, 환상에 빠져있는 말 같은 동료를 수도 없이 만나게 될 것입니다. 때로는 귀찮고, 피곤하고, 손해 볼 것이 뻔해 보입니다.

그럼에도 진심으로 "안녕"을 말할 수 있는 힘은, 우리가 먼저 이 안녕을 선물로 받은 사람들이기에 그렇습니다. 사실 그리스도인은 하늘로부터 "평안할지어다"라는 '샬롬안녕'의 문안 인사를 받은 사람들입니다. 마음 깊숙이 안녕의 원천을 품은 자들입니다. 그

러기에 소외와 갇힘과 떨림의 언어로 어두운 이 땅의
구석구석을 찾아가 심부름처럼 "안녕"을 건네줄 책임
이 우리에게 있음을 배웁니다.

안녕하세요, 안녕히 계세요, 안녕히 가세요

  다시 『초급 한국어』에 나오는 인사말을 떠올리며,
'안녕'이라는 말에 담긴 만남의 설렘과 머묾의 안정과
떠남의 아쉬움을 각각의 결을 따라 헤아려봅니다. '안
녕.' 한 사람의 앞을 마주하는 인사입니다. '안녕.' 한
사람의 뒤를 밀어주는 인사입니다. 모두 축복의 안부
입니다. '안녕'은 첫 만남의 상기된 표정을 갖기도 하
지만 '다시, 안녕'은 어제의 안녕에 인사하며 오늘 또
만나게 됨에 고마워하는 안정된 표정을 지니고도 있
습니다. 전염의 시대에 "인간은 섬이 아니다"라는 존
던John Donne의 문장을 떠올리면서 우리가 얼마나 중
요하게 서로 연결되어 있는지를 깨닫습니다. 만나서
얼굴을 마주하지 못하는 시간이 길게 이어지고 있지
만 문득 '안녕' 하며 너의 안부를 궁금해하고, 혼잣말
로라도 '응. 너도' 하고 답했으면 좋겠습니다. 캐시 헨

더슨Kathy Henderson이 쓰고 패트릭 벤슨Patrick Benson 이 그린 『작은 배』의 이야기처럼, 지금 여기서 건네는 '안녕'이라는 나의 작은 인사가 파도를 넘고 넘어 기 어코 누구의 '안녕'으로 잘 도착할 수 있으니까요.

그러니까 부디
"안녕."

어서 와, 여기 네 자리가 있어

표지만 보고도 마음이 열리는 책이 있습니다. 책 제목부터 『어서 오세요』라는 인사말로 손을 이끌어주는 책입니다. 한 쪽 한 쪽 따뜻한 환대의 결이 만져지는 이 책은, 그림과 이야기가 점층적으로 하나에 하나를 더해가며 울림을 주고 있습니다. 첫 장에서 "이 세상에는 우리 아빠" 하고 시작하다가 다음 장에 이어서 "우리 엄마…", "그리고 내가 있어.", "그리고 그 다음에… 그건 바로…" 하며 나를 둘러싼 관계망이 점점 확장되는 글과 그림이 춤을 추는 듯 경쾌한 흐름을 타며 진행됩니다. 이 세상에는 아빠와 엄마, 나만 있는 것이 아니라, 그다음엔 사랑과 웃음이, 우리가 나아갈 길이 있고, 그 길에 다름 아닌 사람들, 저마다 특별한 이야기를 지닌 사람들이 있음에 반가워합니다. 이 길 위에서 서로 만나고 함께 바라보며 행복한 관계들이 펼쳐지는 장면에서 문득 뭔가 빠진 것이 있음을 발견합니다. 그리고 처음부터 다시, 이 길을 걸어가는 고마운 관계들을 헤아리다가 여기에 '너'가 와 줘야 채워질 수 있는 공간이 있음을 고백합니다. 내가 있고, 가족이 있고, 꽃이 있고, 하늘이 있지만 네가 와야 완성되는 그림입니다.

"이제 여기에 너만 오면 돼."

사람들과 동물들과 식물들과 사물들이 가득 그려진 마지막 장면은 한 가운데를 비워놓음으로써 그 자리를 '너'를 기다리는 마음으로 표현하고 있습니다. 마치 『성경』의 첫 장면을 보는 것 같았습니다. 첫째 날, 둘째 날, 셋째 날… 모든 것을 만들어놓고, 여섯째 날 마지막에 사람을 만들어 그리운 사랑의 관계를 맺은 하나님의 이야기입니다. 네가 옴으로써 비로소 채워지는 자리. 매일매일 그 환대의 자리를 만드는 일이 곧 성육신incarnation하신 하나님의 아들을 믿는 이들의 소명이라고 생각해봅니다. 지금은 이쪽 사람과 저쪽 사람의 손을 끌어내고 잡아주는 피스메이커peacemaker

의 필요를 넘어, 이쪽에도 저쪽에도 자리를 잡지 못하고 부유하는 사람들을 위해 먼저 자리를 마련해주는 플레이스메이커placemaker의 삶이 더 절실하게 요청되고 있는 것 같습니다. 인류학자 김현경이 『사람, 장소, 환대』에서 사람이 된다는 것은 자리/장소를 갖는다는 것이며, 환대란 타자에게 자리를 주는 행위, 혹은 사회 안에 있는 그의 자리를 인정하는 행위라고 한 말을 기억합니다. 나 역시 누군가의 환대로 여기 들어와 있는 것처럼 오늘은 나의 환대로 누군가가 좋은 자리 하나 얻기를 기대하며 애쓰고 싶습니다.

잘 가거라, 다음에 또 오렴

누군가를 초대하고 자리를 내주다보면, 어떤 부분에서는 그만큼 내 삶이 귀찮아지고 불편해질 수 있습니다. 전 세계 어린이들이 좋아하는 존 버닝햄John Burningham이 쓰고 그린 『검피 아저씨의 뱃놀이』라는 사랑스러운 책이 있습니다. 배를 끌고 강으로 나가는 검피 아저씨에게 동네 꼬마들이 "우리도 따라가도 돼요?" 묻자, 아저씨는 서로 싸우지 않는 조건으로 태워

ⓒ 존 버닝햄, 『검피 아저씨의 뱃놀이』, 시공주니어(1996)

줍니다. 잠시 후에 토끼도 따라가겠다고 하여 배에서 뛰지 않는 조건으로 태우고, 고양이도 타고 싶다 해서 토끼를 쫓아다니지 않는 조건으로 태우고, 강아지도, 돼지도, 양도, 닭도, 송아지도, 염소도 각각의 조건을 달아 모두 함께하게 되었습니다. 얼마 동안 모두 신나게 뱃놀이를 즐겼습니다. 그런데 갑자기 염소가 뒷발질하고, 송아지는 쿵쿵거리고, 닭들이 파닥거리고, 양이, 돼지가, 개가, 고양이가, 토끼가, 꼬마들이 싸우면서 한바탕 난리가 났습니다. 그러자 배가 기우뚱하고 모두 물속으로 빠져버립니다. 결국은 모두 헤엄쳐서 강둑에 올라 몸을 말린 후, 검피 아저씨 집으로 가서 같이 차를 마시며 다시 행복한 시간을 보냈습니다. 저녁이 되어 아저씨는 그들과 작별인사를 나누며 "잘 가거라. 다음에 또 배 타러 오렴" 하고 손을 흔들어주었습니다.

　아마도 검피 아저씨 혼자서 배를 타고 강으로 나갔으면 그날 목표했던 고기를 많이 잡았을 수도 있고, 그날 가기로 했던 곳에 무사히 도착했을 수도 있었을 것입니다. 그런데 원치 않았던 손님들이 하나둘, 배에 올라타면서 애초에 하려던 일은 무산되고, 하마터면 물에 빠져 죽을 수도 있는 위험에 처하기까지 했습니다. 우리가 누군가를 초대하고 환대하는 일도 이처럼 근사하고 낭만적인 것과는 아무런 상관이 없을 수 있습니다. 머리가 지끈거리고 짜증나는 일이 거듭될 수도 있고, 심지어 내 삶의 안전조차 크게 흔들릴 수 있는 일이 생길 수도 있습니다. 그들에게 작은 자리 하나 내주면서 최소한 내 삶의 자리를 지키기 위해 이런저런 조건을 달며 신신당부했지만, 무심히 약속을 저버리는 그들 때문에 내 삶이 엉망진창이 될 수도 있습니다. 이쯤 되면 다시는 이런 일을 하지 않겠다고 다짐할 법도 합니다. 그런데 이 책의 마지막 장면에서 검피 아저씨는 동네 아이들을 초대합니다.

"다음에 또 배 타러 오렴"

오늘도 너의 자리를 만들며 환대했지만, 그래서 골치가 좀 아팠지만 다음에도 기어코 너의 자리를 또 만들겠다는 환대의 인사에 저절로 웃음이 나옵니다.

네가 좋아하는 방식으로 있으렴

낯선 사람들에게 으레 느끼는 감정으로 두려움과 긴장이 있습니다. 그냥 낯선 정도가 아니라 우리와는 완전히 달리 생긴 존재를 맞이할 때는 적잖은 공포감마저 느낄 수 있습니다. 그래서 환대는커녕 짐짓 모른 체 하거나 멀리합니다. 때로는 그들을 향한 마음이 적대감으로까지 발전되기도 합니다. 호주에서 태어난 아시아계 작가 숀 탠Shaun Tan이 쓰고 그린 『먼 곳에서 온 이야기들』에 수록된 「에릭」을 보면, 이처럼 낯선 존재를 환대한 가족이 등장합니다. 에릭은 아주 작고 이상한 모습의 외계인으로 그려져 있습니다. 외국인 교환학생으로 찾아온 에릭을 맞이한 가족은 에릭이 편하게 지내도록 신경 써서 새롭게 방을 꾸미고 새로운 가구들을 들입니다. 세심하고도 감동적인 환대입니다. 하지만 에릭은 집주인의 환대를 받지 않고, 부엌 찬장에서 지냈습니다. 가족들은 도무지 이해가 안 되었지만 이렇게 말하면서 찬장에 있던 부엌살림들을 다른 곳으로 옮기고 에릭에게 찬장을 내어줍니다.

"문화적 차이겠지. 에릭이 좋아하는 대로 하게 하자"

우리는 종종 환대의 그림을 우리 편에서 그리며 그
가 우리의 그림 속에 들어오기를 기대합니다. 하지만
바람직한 환대는 그가 원하는 자리에서 그가 원하는
것을 하게 하는 일임을 배웁니다. 저 동네에서 온 교
환학생 에릭에게 이 동네 전문가인 집주인의 아들은
많은 것을 가르쳐주고 싶어 에릭을 데리고 여기저기
같이 다닙니다. 하지만 에릭은 이 동네 전문가의 기대
와 달리 알 수 없는 질문들을 했고, 동네 사람들이 아
무렇게나 버린 자질구레한 잡동사니에 관심을 보였
습니다.

"문화적 차이겠지"

하며 에릭이 하는 대로 내버려두고 크게 마음을 쓰
지 않고 지내던 어느 날, 갑자기 에릭이 작별인사를
하고 떠났습니다. 가족들은 자신들이 무엇을 잘못했
나 하면서 불편해하다가 에릭이 지내던 찬장을 열어
보고 깜짝 놀랐습니다. 사실 책에는 가족들이 깜짝 놀
랐다는 표현이 나오지 않습니다. 무심히 책장을 넘기
며 이야기를 읽던 내가 "와!" 하고 놀라면서 가족들
마음도 나와 비슷했을 거라고 생각한 것입니다. 어두

운 찬장 속에는 에릭이 머무는 동안 관심을 갖고 모 았던 병뚜껑, 휴지조각, 성냥갑과 같은 작은 물건들이 열을 갖춰 놓여 있었고, 저마다의 물건에 각각 어울리는 꽃들이 따뜻하고도 화사하게 그려져 있었습니다. 그리고 가운데 놓인 찻잔에 "잘 지내다 갑니다. 고맙습니다"라는 카드가 기대어 있는 장면이 가슴을 뭉클하게 했습니다. 가족들은 새로운 손님이 올 때마다 찬장 문을 열어 에릭이 남긴 작품을 보여주면서 "문화적 차이인가 봐요"라는 말로 이 특별한 외계인을 추억했습니다.

나와 다른 생각을 하고, 우리와 다른 모습을 지니고, 생활하는 방식도 너무 다른 사람들을 향해, 너무 많이 불편해하면서 심지어 그들을 비난하기까지 하는 우리 모습에 가슴이 답답해지는 요즘, "문화적 차이겠지" 하고 차이를 인정하며 존중하는 이 가족들을 생각합니다. 이 이야기를 처음 읽었을 때는 자기가 머물다 간 자리를 근사하게 꾸며준 에릭의 아름다움에 감탄했는데, 이번에 다시 읽으면서는 에릭의 낯섦을 기꺼이 받아들이며 인정한 가족들의 무심한 배려에 마음이 움직였습니다. 시혜자의 자리에서 주는 선물이 얼마나 감동이었는지에 관한 이야기라기보다, 수

혜자의 자리에서 누린 권리가 얼마나 소중하고 풍성했는지를 말하는 장면이어서 더 가슴이 뭉클했습니다. 지금 우리 곁에도 우리와 다른 생김새, 다른 언어, 다른 문화를 가진 에릭과 같은 존재들이 있습니다. 이질감 속에서 괜한 적대감을 갖고 피하거나 도움을 주면서 우리의 생활방식을 가르치려들기보다, 차이를 존중하며 에릭의 찬장과 같은 자리를 내주는 일이 더 필요한 때입니다.

어린 시절 시골 밥상머리가 생각납니다. 지나가던 나그네에게 밥상을 권하며 "여기 밥숟가락 하나 더 얹으면 되니 식사하고 가세요"하고 손을 끌던 할머니의 모습입니다. 손 대접하기를 힘쓰라는 성경 구절을 알지 못했던 할머니지만, 지치고 배고픈 나그네를 한 번도 그냥 지나가지 않게 하셨습니다. 밥상 위에 오른 어떤 반찬보다 넉넉했던 그 밥상 언저리에 맴돌던 따뜻한 언어가 지금 같은 시기에 새롭게 회복되었으면 하는 바람입니다.

"어서 오세요. 여기 자리가 있어요."

걱정이 있지만, 지낼만해

"무사하지 않다는 것으로 간신히 무사하다고 소식 전합니다"로 시작해서 "스웨터에 오래 매달리다 보면 동그란 보풀이 될 수 있다는 믿음이 있습니다"로 마치는 김소연 시인의 시 「스웨터의 나날」이 생각나는 계절입니다. 무사하지 않은 날을 보내는 이가 그 소식을 누군가에게 전할 수 있다는 사실이 곧 무사하다는 안부가 될 수 있음을 보면서, 걱정 있는 날들을 걱정하며 잘 보살피는 것도 걱정을 더는 일이겠다 싶습니다.

여기도 구멍, 저기도 구멍

앞표지부터 뒤표지까지 책 한가운데 빠짐없이 구멍

난 책이 있습니다. 노르웨이 작가 어이빈드 토세테르 Øyvind Torseter가 쓰고 그린 『HULLET,구멍』이라는 그 림책입니다. 어떤 사람이 이사한 후, 이삿짐을 풀기 전에 배고픔을 해결하고자 계란 프라이를 해 먹던 중 문 옆 벽에서 이상한 구멍 하나를 발견합니다.

"이게 뭐지?"

벽의 반대편으로 가서 그 실체를 확인하려는데 구 멍이 세탁기로 옮겨져 있고, 돌아서려는데 발밑으로 옮겨져 있어 결국은 그 구멍에 발이 걸려 넘어지고 맙니다. 아직 짐도 풀지 못하고 허기도 채우지 못한 채 예기치 못한 일로 발까지 다치고 말았으니 이만저 만한 걱정이 아닙니다. 이 골칫거리를 해결하기 위해 이삿짐 상자를 비우고 간신히 그 안에 구멍을 집어넣 어 문제를 해결할 수 있는 연구소로 향합니다.

그런데 구멍을 넣고 꽁꽁 테이프를 붙인 상자에 다 시 구멍이 나고, 상자를 들고 나선 거리에서도 여기저 기 구멍 천지입니다. 구멍은 자유롭게 옮겨 다니면서 우체부의 노래하는 입으로, 차도를 달리는 자동차 바 퀴로, 머리 위 신호등으로, 무심히 마주치는 사람들의

© 어이빈드 토세테르, 『Hullet 구멍』, A9PRESS(2019)

눈으로, 도로 위 공사 중인 맨홀로, 풍선 장수의 풍선으로, 귀여운 아이의 콧구멍으로… 계속해서 제 존재감을 드러내고 있습니다. 그러고 보니 구멍 없는 곳이한 군데도 없습니다. 이 구멍 때문에 골치가 아픈 사람은 구멍을 넣은 상자를 결국 구멍연구소에 맡기게됩니다. 하지만 연구원들은 아무리 연구해 봐도 잘 모르겠으니 구멍을 맡겨두고 가라고 했습니다. 사실 연구소도 가만히 들여다보니 여기저기 구멍 없는 곳이없었습니다. 구멍투성이입니다. 택시를 타고 돌아오는 길에 보니 구멍은 하늘에 떠있습니다. 그는 집으로돌아와 발코니에 앉아 자연스럽게 구멍을 즐기면서이야기가 끝납니다. 구멍은 애초 있던 그 자리에 그대로 있지만 잠자리가 편안합니다.

누구에게나 구멍이 있습니다. 어디에나 구멍이 있습니다. 구멍 때문에 걸려 넘어지기도 하고, 구멍 때문에 골치가 아플 수 있지만, 구멍 없는 사람이 없고구멍 없는 곳이 없습니다. 심지어 구멍이 있어야 살수 있고, 구멍 때문에 즐거운 일이 많아지기도 합니다. 그러니 구멍을 없애려 애쓰기보다 구멍과 함께 살아가는 법을 배우는 편이 더 나을 수 있습니다. 때로는 구멍 때문에 위안을 얻기도 하고, 구멍이 있어서 더 조심하며 안심하게 되는 부분도 있으니까요. 물론 구멍이 나면 안 될 부분에서는 최선을 다해 구멍을 메워나가는 일도 필요하지만, 억지로 구멍을 메우려다 더 큰 구멍을 낼 수 있음을 아는 게 지혜이기도 하죠. 오히려 우리가 알고 있는 많은 창작자들처럼 자신에게 있는 구멍을 잘 살피고 건사하다 보면 일상의 나날이 예술로 변하는 매혹적인 지점들을 만날 수 있을 것 같아요.

없는 걱정은 있게 하지 말고

프랑스 작가 아드리앵 파를랑주Adrien Parlange가 판화기법으로 그린 『누가 사자의 방에 들어왔지?』라는 흥미로운 그림책이 있습니다. 호기심 많은 소년이 사자의 방에 들어가면서 걱정하기 시작하는 이야기입니다. 사자가 방을 비운 사이에 소년이 들어오는 소리에 생쥐가 놀라서 달아나고, 조금 뒤 다른 소년이 들어왔는데 사자인 줄 알고 놀란 소년이 침대 아래 숨고, 두 번째 소년은 얼마 뒤 다른 소리를 듣고 사자인 줄 알고 놀라 천장에 숨고, 그때 들어온 소녀는 누군가 다가오는 소리에 사자인 줄 알고 양탄자 아래 숨고, 그렇게 들어온 개는 거울 뒤에 숨고, 한 무리의 새들은 커튼 뒤에 숨었습니다. 그리고 이번에는 정말로 사자가 들어왔습니다. 숨은 소년들과 소녀, 개와 새들까지 모두 두려움에 떨었습니다. 그런데 흥미롭게도 자기 방에 들어온 사자도 무서움에 떨었습니다. 방의 분위기가 조금 달라져 있고 천장과 양탄자가 약간 흔들리고 있는 것을 느끼고 덜컥 겁이 난 것입니다. 그래서 커다란 이불을 뒤집어쓰고 벌벌 떨면서 숨었습니다. 바로 그때 들어온 생쥐는 아무도 없는 방에서 편안하게 이불 위에 누워 잠이 들었습니다.

"틀림없이 사자일 거야!"

우리가 걱정하는 많은 것들이 어쩌면 이처럼 실체가 없는 막연한 두려움과 선입견에서 비롯되는 것은 아닌지 생각해봅니다. 사자는 이미 방에 없는데도 그 방이 사자의 방이라는 사실 때문에 이미 무섭다고 생각하다 보니 모든 소리가 다 사자가 오는 소리로 들리게 된 것입니다. 아주 작은 소년 소녀의 발소리조차 사자의 무서운 발소리로 느낄 정도로 커다란 두려움에 쉽게 휩싸이고 말았습니다. 이야기의 맥락을 알고 있는 독자 눈에는 한없이 우스워 보일 만큼 무서움에 쩔쩔매는 그림 속 존재들이 어쩌면 오늘 우리 모습일 수도 있겠다 싶어 서글퍼지기도 합니다. 우리 역시 일어나지도 않은 일에 지레 겁먹고 호들갑을 떨며, 스쳐 지나가는 거짓말 하나에도 가슴 졸이며 아파하니까요.

이 책의 마지막 장면에는 스스로 만든 두려움의 세계에서 저마다 경계를 짓고 그 안에 갇혀서 숨죽여 떠느라 잠 못 이루는 존재들이 그려져 있습니다. 그 경계선 밖에서 혼자 빛나는 생쥐 한 마리만 깊이 잠들어 있습니다. 두텁게 혹은 견고하게 쌓은 경계의 벽을 향해 조금만이라도 틈을 내어 곁에 있는 존재들과 대화를 시도했더라면 어땠을까요? 내 생각에만 사로잡혀 있다 보면 걱정은, 생각보다 훨씬 큰 존재의 무거움으로 내 삶을 옴짝달싹 못 하게 짓누를 수 있으니까요. 심지어 방의 주인인 사자조차도 혼자만의 생각에 빠져 자기가 만든 두려움에 스스로 갇힐 수밖에 없었습니다. 요즘처럼 걱정 많은 나날을 보내는 때일수록 내 곁에 있는 존재들 이야기에 관심을 기울이고, 또 너와 나의 경계를 넘어서는 더 큰 이야기의 맥락을 읽으려는 노력이 필요해 보입니다.

때로는 걱정을 달고 다니기도 하지만

걱정을 없게 하면 좋지만 어쩔 수 없이 걱정을 달고 다니는 사람이 있기도 합니다. 이자벨 카리에Isabelle Carrier가 지은 『…아나톨의 작은 냄비』에 나오는 아나톨은 조금 특별한 걱정을 끌고 다닙니다. 언제 어디서나 작은 냄비 하나를 달그락달그락 끌고 다닙니다. 애써 떼 내려 해도 떨어지지 않는 냄비 때문에 아나톨은 평범한 아이가 될 수 없었습니다. 냄비를 달고 다니니 사람들이 불편해할 때도 있고요. 사실 아나톨은 그림도 잘 그리고 잘하는 게 아주 많은 아이지만 사람들은 아나톨의 냄비만 쳐다보고 이상하게 여깁니다. 냄비 때문에 너무 힘든 아나톨은 냄비를 없애버리고 싶지만, 냄비는 좀처럼 떨어지지 않아서 결국 냄비로 얼굴을 가리고 냄비 속에 숨어버립니다. 이 냄비는 어쩔 수 없이 걱정을 하게 하는 약점이나 모자람일 수 있을 것 같습니다. 우리도 때로는 그 약점에 숨어서 이런저런 방어기제를 사용해가며 겨우겨우 살아갈 때도 있을 것 같습니다. 그런데 오랫동안 그렇게 숨은 존재로 있다가 아나톨처럼 작은 냄비를 지니고 다니는 사람을 만나게 되었습니다. 그는 아나톨에게 냄비를 가지고 냄비와 함께 살아가는 방법을 알려주었습니다. 아나톨을 주눅 들게 하고 힘들게 했던 냄비가 때로는 웅덩이를 건너는 방편이 되기도 하고, 지루한 시간을 날려버리는 놀이 도구가 되기도 했습니다.

마지막 장면에서 아나톨처럼 작은 냄비를 지니고 다니는 사람은 아나톨에게 냄비를 넣을 수 있는 가방을 하나 만들어주었습니다. 가방 안에서 작은 냄비는 여전히 달그락 달그락하지만, 냄비를 잘 건사할 수 있는 이 가방 덕분에 사람들 눈에 띄지 않고, 오히려 아나톨에게 창의적인 작품 활동의 소재가 되었습니다. 아나톨의 작은 냄비처럼, 우리에게 있는 약점들 때문에 항상 걱정이 따라다니고, 그래서 성가시고, 사람들과의 관계도 어렵게 되지만 그와 더불어 잘 지내야 하는 법을 배웁니다. 특히 아나톨처럼 혼자서 이 걱정을 해결하게 내버려두지 않고 그 곁을 지켜주는 존재에 대해 조금 더 생각해보는 이야기입니다. 사실 우리에게는 크기만 좀 다를 뿐, 저마다 걱정냄비 하나씩은 있을 테니까요. 그까짓 것 쉬 벗어버리라고 쉽게 말할 수는 없습니다. 누군가에게는 평범한 일이 누군가에게는 좀처럼 쉽지 않은 어려운 일일 수 있으니까요.

그러니 지금 걱정하는 사람에게 필요한 존재는 걱

정냄비에 대해 분석하거나 판단하는 사람이 아니라 걱정냄비를 같이 들고 놀아줄 수 있는 그 한 사람이라고 생각합니다. 자기도 걱정이 있지만 같이 잘 지내는 법을 함께 만들어가는 사람, 걱정을 당장 버리라고 훈계하는 목소리보다 가만히 그것을 감싸줄 수 있는 가방을 내미는 사람, 그 한 사람 말입니다. 걱정이 있지만 이 걱정을 같이 들어주며 걱정하는 곁이 있어서 내 걱정도 꽤 데리고 다닐 만합니다.

돌돌돌…

날마다, 뭔가를 계속한다는 것은

매일 아침 일어나 뭔가를 합니다. 잠에서 깨어나 눈을 뜨는 것부터가 뭔가를 시작하는 일입니다. 매일 지하철을 타고, 매일 출근해서 일하고, 매일 집에 돌아와 잠을 잡니다. 매일 하는 일이라 지루하고 진부해 보이지만 매일 계속하는 일입니다. 매일 출근하는 직장이 없더라도 매일 카페에 앉아 종일 책을 읽기도 하고, 매일 공원을 산책하며 시간을 보내기도 하고, 매일 낮잠을 자기도 하고, 매일 영화를 보기도 하고, 매일 놀기도 합니다. 어떤 날은 문득, 종일 괜한 일을 하진 않았는지 반성도 하고, 종일 쓸데없는 일에 시간을 다 허비한 것은 아닌지 자책할 때도 있습니다. 하루를 돌아보며 생산성 없는 일에 너무 몰입하진 않았는지 후회하며 조바심 낼 때도 있습니다. 뭐 어떻습니까. 매

일 뭔가를 계속했다는 사실 자체만으로 충분히 잘한
일이 될 수 있으니까요.

매일, 계속하는 일이 있어

삽질, 공연히 쓸데없는 짓을 하는 것을 일컫는 속
된 말인데요. 온종일 삽질을 하는 아이가 나오는 그
림책이 있습니다. '무슨 이런 책이 있지?' 하고 읽다
가 '오~' 하고 기분 좋은 한가로움이 차 마음 가득 오
릅니다. 다니카와 슌타로谷川 俊太郎 시인의 글과 와다
마코토和田誠의 그림이 어우러진 『구덩이』라는 책인데,
글과 그림이 아주 단순하지만 읽고 난 후엔 어느 책보
다 많은 생각과 여운을 남기는 특별한 이야기입니다.
어느 날 아침, 한 아이가 아무 할 일이 없어서 구덩
이를 파기로 합니다. 삽을 하나 들고 호흡을 가다듬
습니다. 그리고 삽질을 시작합니다. 무엇을 심기 위한
생산적인 일이 아닌, 말 그대로 쓸데없는 짓을 하는
삽질로 보입니다. 그런데 아이는 이 쓸데없는 짓을 너
무도 진지하게 행하고 있습니다. 엄마의 물음에 아이
가 대답합니다.

"뭐 해?"

"구덩이 파"

대체로 사람들이 묻는 "뭐 해?"라는 말속에는 정말
로 무엇을 하는지 궁금해서 묻는 의미도 있지만, 한심
해 보이는 그런 일을 왜 하고 있느냐는 지청구가 담
겨있기도 합니다. 그러나 아침부터 구덩이를 파는 이
아이는 사람들의 시선이나 의문에 상관없이 자기 구
덩이를 파는 삽질을 계속해나갑니다.

쓸데없어 보이는 삽질이라도 누군가와 함께하면 의
미도 찾고 일도 좀 수월할 것 같습니다. 그런데 아이
는 같이해보고 싶다는 동생의 제안도 냉정하게 거절
하고, 구덩이를 파는 목적을 묻는 친구에게도, 서두르
지 말라는 아빠의 충고에도 무심하게 대꾸하면서 계
속 구덩이를 팝니다. 손바닥에 물집이 잡히고 귀 뒤에
서부터 땀이 흐르지만 쉬지 않고 구덩이를 팝니다. 오
직 혼자서, 외롭기로 작정한 일에서 오는 희열을 벌써
알아버린 것일까요? 그러다가 구덩이 아래쪽에서 기
어 나오는 애벌레 한 마리와 조우합니다. "안녕." 아
이의 다정한 인사에 애벌레는 잠자코 다시 흙 속으로
되돌아갔습니다. 아이는 갑자기 힘이 빠져 파는 일을

그만두고 구덩이 안에 가만히 쪼그려 앉았습니다. 자기처럼 묵묵히 구덩이를 파고 온 다른 존재와의 맞닥뜨림에 어떤 경애의 마음이 들었던 것일까요? '나 같은 존재가 또 있었구나' 하는 안도감이었을까요?

"이건 내 구덩이야"

조용한 구덩이 안에서 흙냄새를 맡으며 흐뭇해하는 아이의 모습에서 누구도 알아주지 않는 자기만의 목적지에 이른 대견함이 엿보입니다. 구덩이에 앉아있는 아이에게 엄마가 와서 다시 "뭐 해?"라고 묻고, 아이는 "구덩이 안에 앉아있지" 하고 계속 구덩이 안에 앉아있습니다. 사람들은 정말 우리가 뭘 하는지 몰라서 묻는 것일까요? 아니면 뭔가를 하지 않고 있다고 생각해서 지금 뭐 하고 있느냐며 따져 묻는 것일까요? 사실은 나름 뭔가를 계속하고 있는데 말이죠. 거기에 한술 더 떠서 내가 한 일이 쓸데없어 보이는지 애써 새로운 의미를 부여하려는 시도들이 있습니다. 기왕 판 구덩이니 동생이 와서 연못을 만들자 하고, 친구가 와서 함정으로 쓰자 하고, 아빠가 와서 멋진 구덩이라고 칭찬까지 더해줍니다. 그러나 아이는 그

저 "흠…" 하고 나서 계속 구덩이에 앉아있습니다. 그 냥 앉아있다가 위를 올려다보니 구덩이에서 본 하늘은, 여느 때보다 훨씬 파랗고 훨씬 높아 보였습니다. 그 하늘을 폴폴 나는 나비가 참 아름답습니다. 아이는 일어서서 구덩이에서 올라오고 나서 깊고 어두운 구덩이를 들여다보며 "이건 내 구덩이야" 하고 천천히 구덩이를 메우기 시작합니다. 아무 일도 없었다는 듯이 말이죠. 실컷 판 구덩이를 메우려면 뭐하러 힘들게 구덩이를 팠을까요? 누군가는 시시하고 하찮은 일이라고 비웃을지 모르지만, 종일 판 구덩이에 가만히 앉아서 여느 때보다 높고 파란 하늘을 봤으면, 멋진 나비를 봤으면, 나비가 되기 전의 애벌레까지 만났으면 그것으로 충분히 구덩이를 판 행복이 있지 않을까요? 굳이 그것으로 뭔가 의미 있는 성취를 이루진 못했더라도 내 구덩이를 파고 들어앉아서 나와 세상을 새롭게 볼 수 있는 나만의 시야를 갖게 되었다는 것만으로도 충분히 경탄할 만한 일이라고 축하해주면 어떨까요? 날마다, 뭔가를 계속한다는 것은 그로써 충분히 좋은 일이니까요.

살라고 태어났으니 살아서

날마다, 뭔가를 계속한다는 것은 아무리 재미있는 일이라도 피곤할 수 있습니다. 매일 아침 눈을 떠야 하고, 씻어야 하고, 먹어야 하고, 일해야 하고, 쉬어야 하고, 아파야 하고, 잠들어야 하고, 다시 일어나야 하고… 이런 반복된 일상에서 벗어나고픈 마음이 누구에게나 있을 것 같습니다. 그래서 어떤 날은 차라리 태어나지 말았으면 더 좋았겠다고 생각할 때가 있습니다. 태어나지 않은 아이를 부러워하며 고달픈 하루를 슬퍼할 때가 있습니다. 이런 마음을 달래주고 싶을 때, 유쾌한 이야기꾼 사노 요코佐野 洋子가 쓰고 그린 『태어난 아이』라는 감동적인 그림책을 읽습니다.

감동적인 책이라고 말한 이유는, 누군가는 이 책을 읽고 한바탕 엉엉 울었을 듯한 생生의 송가頌歌가 경쾌한 리듬에 맞춰 한 장 한 장 펼쳐지기 때문입니다. 책을 열면 태어나고 싶지 않아서 태어나지 않은 아이가 나옵니다. 태어나지 않은 아이는 우주 한가운데서 별 사이를 걸어 다니며 별에 부딪혀도 아프지 않고, 태양 가까이 다가가도 뜨겁지 않습니다. 태어나지 않았으니 아무 상관이 없었습니다. 어느 날 태어나지 않은 아이가 지구에 왔는데 사자를 만나도 무섭지 않고, 모기가 물어도 가렵지 않고, 강아지가 핥아도 간지럽지 않고, 빵집에서 구수한 빵 냄새가 나도 먹고 싶지 않습니다. 태어나지 않았으니 아무 상관이 없었습니다. 바삐 걷는 사람들도, 달리는 소방차도, 경찰의 호루라기 소리도, 향기로운 빵 냄새도, 태어나지 않은 아이와는 아무 상관이 없는 것들입니다.

태어나지 않은 아이와는 달리, 한 여자아이는 강아지에게 물려서 "아파! 아파!" 하며 엄마에게 달려가 엄마 품에 안겨 울먹입니다. 엄마는 "괜찮아, 괜찮아" 아이를 달래고, 약을 바른 다음에 반창고를 딱 붙여 주었습니다. 태어나지 않은 아이도 그 반창고를 붙이고 싶었습니다. 그래서 태어나지 않은 아이는 "반창고! 반창고!" 외치다가 마침내 태어났습니다. 마침내 태어난 아이는 "엄마! 아파!" 울기도 하고, "배고파, 엄마!" 부르기도 하고, 모기한테 물려 가려워하기도 하고, 바람이 불면 깔깔깔 웃기도 합니다. 태어난 아이는 어느 날 공원에서 여자아이를 보고, "내 반창고가 더 크다!" 소리치며 손을 흔듭니다. "내 상처가 네 상처보다 더 크고, 내 반창고가 네 반창고보다 더 크다."고 자랑하며 외치는 소리에 가여우면서도 사랑스러운 미소가 지어집니다.

"태어나는 건 피곤한 일이야."

　오늘 하루 내가 겪은 곤경이 어느 누구의 하루보다 크고 아팠다는 느낌이 들 수 있습니다. 그래서 죽고 싶다는 고백을 조용히 삼키기도 합니다. 하지만 태어나서 이렇게 살아있는 날이 죽어있는 날보다 더 소중하니 다치고 아프고 피곤해도 고마운 일입니다. 태어났으니 사느라 애쓰고, 살다 보니 다치고, 다친 상처엔 커다란 반창고도 붙이고 다녀야 하지만 그럼에도 태어나지 않은 아이의 아무 상관없는 맥없음보다 태어난 아이의 이런저런 성가신 일들이 명랑한 응원으로 들려옵니다. 비록 태어나서 울기도 하고 소리 지르는 일도 있지만 산다는 것은, 날마다 다친 자리와 그 위에 덧댄 반창고를 자랑하며 몸도 마음도 한 뼘씩 자라는 일일 겁니다.

모든 요일을 버티다보면

　노란 선 하나로 시작해서 우리의 모든 요일을 때로는 흔들흔들, 때로는 출렁출렁, 때로는 머뭇머뭇, 때로는 폴짝폴짝, 때로는 아등바등, 때로는 시원시원하게 펼쳐놓는 이야기가 있습니다. 이명애 작가의 『내일은 맑겠습니다』는 한 주가 시작되는 월요일 아침, 반짝 추위가 찾아올 예정이라는 일기예보와 함께 시작합니다. 노란 선 위에서 사람들이 하루의 삶, 한 주간의 삶을 기다립니다. 이어서 노란 선은 횡단보도가 되기도 하고, 계단이 되기도 하고, 공중에 걸리기도 하고, 절벽이 되기도 하고, 물결이 되기도 하고, 링이 되기도 하고, 지하철 손잡이가 되기도 하고, 국수가 되기도 하고, 책이 되기도 하고, 나무가 되기도 하면서 사람들 삶의 궤적을 다양한 사물과 함께 변주합니다.

노란 선과 함께 사람들은 걷고, 건너고, 매달리고, 짊어지고, 올라가고, 내려가고, 앉고, 뛰고, 버티고, 쉬고, 잡고, 먹고, 싸우고, 자고, 놀고, 일하고, 즐기고, 그리고 다시 이어갑니다. 도무지 예측할 수 없는 날씨만큼이나 변화무쌍한 하루하루의 삶이 우리 앞에 펼쳐지지만 저마다 자기 자리에서 감당할 만큼씩 걷고 뛰고 버티며 살아갑니다. 곳곳에서 천둥을 동반한 비가 내리면 깊숙이 내려앉기도 하고, 해상에서 발달한 저기압의 영향을 받은 날에는 끈기 있게 버텨 서기도 합니다.

'버티다.'

사람들의 다양한 몸짓이 무수히 등장하는 이 책에
서 버티고 있는 장면만큼은 혼자서, 자기 모습을 직면
하면서 버텨 있는 그림으로 표현되어 있습니다. 다행
히 내일은 맑아지겠다고 하니 이렇게 조금 더 버텨봅
니다. 사실 믿음은 버티는 일입니다. 기독교인들이 말
하는 '아멘'은 히브리어 '에무나אמונה'와 같은 어원에
서 나온 말로 지속하다, 성실하다, 확실하다, 신뢰하
다, 버티다 등의 의미를 지니고 있습니다. 그러니 '아
멘'은 소원이 이뤄지기를 바랄 때 주문처럼 외우는 말
이 아니라, 하루하루 성실하게 제 삶의 자리를 잘 버
텨나가는 사람들의 영적인 호흡인 셈입니다. 버티는
일이 곧 신앙하는 삶임을 배우면서, 다시 살아가는 날
동안 수많은 일기日氣를 만나겠지만 그래서 때로는 예
상치 못한 일기日氣에 당황하기도 하겠지만 오늘을 버
텨 잘 살아가면 좋겠습니다. 그리고 날마다, 이 하루
를 어떻게 걷고, 쉬고, 걸었는지 모든 요일의 일기日氣
를 나만의 일기日記로 쓰고 그러면서 다음에 오는 사람

에게 건네주면 좋겠습니다.

그리고 바라기는
"내일은 맑겠습니다."

나여서, 나니까

"별일 없으시죠?
없음이 안녕이 되는 날이에요."

이렇게 시작하는 시를 쓴 적이 있습니다. 하루에도
별일이 수백여 개나 되는 곳에서 별일 없이 오늘 하
루를 보냄이 안녕이라고 생각했기 때문입니다. 있어
서 좋음보다는 없어서 좋은 것이 훨씬 가뿐하고 상쾌
한 기분마저 들기도 했고요. "더럽다는 것은 덜 없다
는 것"이라는 기독교 사상가 유영모 선생의 말이 생
각납니다. 없음이 덜한 곳에 더러움이 있다는 뜻에서,
'있음'으로 존재를 드러내려다 오히려 덕지덕지 덧붙
인 것들로 제 모습을 가리다 본 모습을 잃어버리는
슬픈 현실을 보게 됩니다. 내게 '있는' 무엇, 즉 내 직

업이나 지위, 혹은 소유나 재능이나 취향 따위로 나를 표현하면 좀 더 괜찮은 모습으로 비치지 않을까 하는 생각에서 조금이라도 '더 있는' 것을 찾게 되는 것 같습니다. 그런데 요즘은 내게 '없는' 것에서부터 나를 말하려 할 때 오히려 좀 더 편안하게 할 말이 생기고 다양하게 표현하는 자신을 발견하곤 합니다. 말이 안 되는 말 같지만 '없어서, 있는' 셈이지요. 물론 내게 있는 것들이 나를 설명해주는 면이 있겠지만 더 많은 경우엔 내게 없는 것이 나를 더 명징하게 드러낼 수 있음을 봅니다.

내게 있는 것, 혹은 내게 없는 것

오소리 작가가 지은 『노를 든 신부』를 보다가 내게 없는 것 때문에 더 환히 즐거운 얼굴을 만났습니다. 외딴 섬에 사는 심심한 소녀의 이야기인데요. 섬에 사는 친구들은 다들 신랑 신부가 되어 섬을 떠나고, 소녀도 신부가 되겠다고 결심합니다. 소녀의 결심에 부모는 드레스와 노를 하나 주면서 소녀를 자랑스러워하지요. 드레스를 입고 신부가 된 소녀는 바닷가로 가서 자신이 탈 배를 찾았지만, 노가 하나밖에 없기 때문에 배에 탈 수 없었습니다. 배에 탄 신부들은 전부 노를 두 개 가지고 있어서 신랑과 함께 섬을 떠날 수 있었던 것입니다. 노가 하나밖에 없기 때문에 배를 타지 못한 신부는 바닷가를 떠나 산으로 가고, 산 중턱에서 수많은 신부들을 태우고 어디론가 떠나는 배에 태워주겠다는 사람을 만나지만 얼른 그곳을 떠납니다. 그리고 산꼭대기에서 모두가 우러러보는 호화로운 배에 타라는 초청도 받지만, 역시 거절하고 산에서 내려갑니다. 남들이 다 한다고 맹목적으로 따라 하거나 사람들의 부러움을 사기 위해 위태로운 자리에 있기보다 차라리 심심한 편을 선택합니다. 어쩌면 신부가 손에 들고 있는 하나 뿐인 노는, 자신을 버리고 남들처럼 살라는 사회의 요구에 대한 'No!노'라는 선언이라도 되는 듯 크고 단단해 보입니다.

노를 든 신부의 이야기는 지금부터 흥미롭습니다. 하나뿐인 노를 들고 숲속을 걷던 신부에게 "사람 살려!"라는 다급한 소리가 들리고, 신부는 늪에 빠진 사냥꾼을 구하기 위해 두리번거리며 밧줄을 찾았습니다. 그러자 사냥꾼은 원망스러운 듯 소리쳤습니다.

"당신에겐 노가 있잖소!"

사냥꾼의 말에 신부는 새삼 자신에게 노가 있음을 깨달으면서 그를 구해주고 생각했습니다. "이제 즐거운 시간을 보낼 수 있겠어!" 자신에게 '없는 노' 때문에 '있는 노'의 다양한 용도를 발견하게 된 것이지요. 노로 사람을 구했으니, 배를 젓는 일만이 아니라 무엇이든 할 수 있는 가능성을 보게 된 것이지요. 그렇게 시작된 신부의 모험은 정말 속이 시원할 정도로 타-악! 하고 끝없이 펼쳐집니다.

내게 없는 것 때문에 결핍감을 느끼고 억지로 무엇을 채우려 할 때 그 욕망은 무엇으로도 채워지지 않고, 시간이 지날수록 오히려 더 헛헛해지는 것을 깨닫습니다. 별일 없음이 안녕인 것처럼, 없어서 자유롭게 심심한 상태를 즐거워할 수 있다면 문득 지금 가지고 있는 하나뿐인 이것의 능력을 극대화할 수 있겠다는 생각이 들었습니다. 노를 든 신부가 하나뿐인 노를 가지고 과일도 따고, 요리도 하고, 심지어 야구선수가 되기도 하는 유쾌한 일이 벌어지니까요. 그러니 요즘 사람들 다 가지고 있는 것이 내게 없다고 해서 굳이 주눅 들 필요까지는 없을 것 같습니다. 둘이 아니라 하나만 있어도, 생의 모험은 신나게 펼쳐지니까요.

그래! 나 개구리다

개구리알 하나의 막막하고 위태로운 여정을 그린 장혜정 작가의 『그래봤자, 개구리』를 보고, 팬데믹 기간에 여러 사람에게 선물도 하고 추천도 했습니다. 내가 누구인지, 나는 어디서 와서 어디로 가고 있는지, 여기서 계속 기다려야 하는지, 아니면 앞으로 나아가야 하는지 도무지 종잡을 수 없는 상황에서 개구리의 존재감을 마음껏 뿜어내는 그림 이야기가 답답한 풍경을 시원하게 열어젖혀 주었기 때문입니다. 개구리는 아주 조그마한 알이었을 때도, 올챙이로 성장해서 열심히 꼬물거릴 때도 숱한 위험에 노출되어 있습니다. 언제든 쉽게 물고기의 밥이 될 수 있습니다. 순간순간 간신히 위기를 벗어나면서 내가 누군지, 언제쯤 시원하게 뛸 수 있을지 자문하며 겨우겨우 살아갑니다. 그렇게 꼬물꼬물 하루하루 살아가다가 '뒷다리가 쑥! 앞다리가 쑥!' 하고 팔딱팔딱 뛸 수 있는 개구리가 되는 날을 맞이하지요.

"나는 개구리다!"

드디어 완전한 개구리로서 신나게 살아볼 참입니다. 하지만 이 세상을 개구리로 살아가기가 만만치 않습니다. "그래봤자 개구리" 하며 황새가, 뱀이, 살쾡이가 시도 때도 없이 개구리를 먹잇감으로 여기며 달려듭니다. 사방으로 무서운 두려움이 시커멓게 개구리를 에워싸고 할딱할딱 숨조차 소리 내어 쉴 수 없는 절망의 순간, "그래! 나 개구리다!" 하는 개구리의 외마디 외침이 연못의 시커먼 물속을 가로지릅니다. 그리고 온 세상 가득 개굴개굴 개굴개굴 개구리 소리가 울려 퍼집니다.

나를 둘러싸고 있는 세상이 문득문득 엄청난 위협과 두려움으로 다가올 때가 있습니다. 그에 비해 나라는 존재가 한없이 나약하고 어느 순간 아무도 모르게 짓밟혀 없어질 것만 같이 불안하기도 합니다. 그럼에도 개구리가 뱀이 되거나 살쾡이가 될 수 없는 것처럼, 내가 나 아닌 다른 누구로 살아갈 순 없습니다. 나로서, 나를 지키며 살아가는 것이지요. 고맙게도 나와 같이 나처럼 자신을 지키며 살아가는 이들이 무수히 많이 내 곁을, 곁의 곁을 이루고 있음을 발견합니다.

이 그림책을 보면서 일제강점기에 김교신 선생이『성서조선』에 쓴「조와弔蛙」라는 글이 생각났습니다. 개구리의 죽음을 애도하는 글로, 추운 겨울을 이기지 못하고 얼어 죽은 개구리를 보며 슬퍼하다가 얼음 밑으로 살아있는 개구리 몇 마리에 감탄하면서 "아, 전멸은 면했나 보다!" 하고 글을 마칩니다. 그런데 이 글이 실린 호를 마지막으로『성서조선』은 폐간 당합니다. 혹독한 추위 속에서도 기어코 살아 봄을 맞는 개구리의 의미를 일제는 잘 알고 있었던 겁니다. "그래 봤자, 개구리"라고 우습게 여기며 짓밟아버리는 거대한 세상의 힘 앞에서 "그래! 나 개구리다!" 하고 목청껏 소리를 내지를 수 있는 우리의 작은 견딤들, 여기 이렇게 살아서, 살아있음으로 기여가 되리라는 믿음의 고백입니다.

'나'라는 장르

한 방속국의 오디션 프로그램인 〈싱어게인〉에서 '30호'라는 이름으로 출전한 가수가 기존의 틀을 깨는 노래를 부르며, "장르가 30호"라는 인상적인 말을 탄생시킨 적이 있습니다. 가수 스스로 자신은 애매한 경계에 서 있는 사람이라고 밝힌 것처럼, 어느 뚜렷한 장르의 음악에 편승하기보다는 숱한 애매함 속에서 자기 존재 의의를 구체화하기 위해 자기만의 음악을 고민하며 오다 보니 "장르가 30호"라는 말을 듣게 된 것입니다. 사실 나는 누구인지, 내가 생각하는 나와 사람들이 생각하는 나는 얼마나 같은지 다른지 헷갈릴 때가 많습니다. 거기에 나답게 산다는 것은 어떻게 사는 것인지, '다움'과 '답게' 그리고 '스러움'의 요구에 갸우뚱할 때도 많습니다.

에드 비어Ed Vere라는 작가의 그림책 『나도 사자야!』는 '다움'이라는 어떤 틀에 갇히지 않아도 즐거운 이유를 보여주는 것 같습니다. 보통은, 사자란 본디 으르렁거리고 사납고 먹이를 한입에 와작와작 꿀꺽 삼켜버릴 만큼 무서운 존재라고 생각합니다. 그런데 책에 나오는 사자 레나드는 홀로 느릿느릿 걷고, 새록새록 생각의 언덕에 올라 무언가를 곰곰이 생각하다가, 나직나직 흥얼거리거나 낱말들을 이어 시를 짓기도 합니다. 그러니 이런저런 말들이 많습니다.

"사자는 부드러우면 안 돼!"

"사자는 시를 지으면 안 돼!"

하지만 레나드는 감성이 풍부한 오리와 더불어 시에 대해 토론하고 함께 책을 읽고 오래오래 같이 걸어 다닙니다. 다른 사자들이 와서 왜 오리를 한입에 먹어치우지 않는지, 사자란 모름지기 거칠고 사나워야 하는데 왜 사자답게 살지 않는지 따져 묻습니다. 레나드는 사자다움에 대해 오래 생각하다가 시를 지어서 사자 친구들에게 발표합니다. 시는 사자들이 자신을 찾아와서 변해야 한다고, 오리를 잡아먹어야 한다고 말하지만, 자신은 벌이나 새와도 친구가 될 수 있는 존재라면서 친구를 먹는 일 따위는 하지 않겠다고 하는 내용입니다. 이어서 네가 너일 수 있는 방법이 별처럼 많으니 우리가 할 수 있는 것은 너는 네가 되고 나는 내가 되는 거라고 노래합니다. 그리고 글로 생각을 자라게 하고 세상도 바꿀 수 있다면서 글 짓는 사자의 새로운 모습을 보여줍니다.

'나다움'이라는 말에는 '너처럼'이라는 말과는 어느 정도 거리가 있습니다. 그러니 너처럼 먹어야 하고, 너처럼 입어야 하고, 너처럼 말할 필요가 없는 거지요. 나를 나로서 여기 존재케 한 부름에 따라 나의 나

됨을 그대로 뿜어내는 것이 가장 평화로운 모습이겠지요. 나여서 이렇게 먹어도 되고, 이렇게 말해도 되고, 이런 글을 써도 괜찮은 거죠.

나니까요.

눈물이 나고, 실수도 많지만

모처럼 맘먹고 제대로 잘 시작하려다 뜻하지 않게 사소한 실수로 실패한 이야기가 있습니다. 그런데 '거기서 끝'이 아니라 '거기서 다시' 시작된 이야기가 있습니다. 그렇게 시작된 이야기가 뜻밖에 새로운 세계를 만나고 성공의 실마리를 찾아주기도 합니다. 언젠가 김영하 작가가 팟캐스트에서 『위대한 개츠비』를 한마디로 정리하라고 한다면, "표적을 빗나간 화살들이 끝내 명중한 자리들"이라고 했던 말이 기억납니다. 뜻대로 되는 일이 거의 없는 날들임에도 실패했다고 명토 박아 말할 수 없는 까닭은 생각지도 못한 데서 더 좋은 것을 만나기 때문입니다. 내 삶에서도 표적을 빗나간 화살들이 끝내 명중한 자리가 있습니다. 빗나간 화살들이 떨어진 자리에서 가만히 화살들을

주워 모으다 보면 빛나는 이야기 하나 새롭게 시작할
수 있을 겁니다.

아름다운 실수가 가능해

　시작은 점 하나를 잘못 그려서 실수한 그림입니다.
코리나 루켄Corinna Luyken이 지은 『아름다운 실수』라
는 그림 이야기인데요, 처음엔 아이의 얼굴에 눈을 그
리다가 한쪽 눈을 더 크게 그리는 실수를 하는 바람
에 동그란 안경을 씌우게 되지요. 그렇게 그리고 보
니 괜찮은 그림이 된 것 같습니다. 그런데 팔과 목의
길이를 잘못 그려 또 실수하게 되고, 그 실수를 해결
하기 위해 목과 팔에 장식을 그려 넣으니 역시 괜찮
은 그림이 되었습니다. 또 아이의 신발과 땅 사이가
너무 멀리 떨어지게 그리는 실수를 하게 되고, 그 실
수를 만회하기 위해 롤러스케이트를 신기니 생각보
다 멋진 모습이 되었습니다. 숲을 그리려다 실수한 그
림은 멋진 바위로, 종이 위에 묻어있는 잉크 얼룩들은
흩어지는 나뭇잎으로, 잘못 그은 선들은 노란 풍선 줄
로 이어지며 행복한 미소로 둥실둥실 떠오릅니다. 그

리고 노란 풍선 더미를 들고 이 아이가 달려가는 커다란 나무엔 다른 아이들이 저마다 행복한 놀이에 빠져 다채롭게 즐거운 모습들로 가득 차 있습니다. 그런데 반전은 지금까지의 모든 이야기와 그림이 아이의 머릿속 한 장면으로 그려져 있는 마지막 장면입니다.

　작은 얼룩 한 점, 작은 실수 하나가 그냥 실패로 남을 수도 있습니다. 하지만 조금 달리 보면, 조금 더 그려보면, 조금만 새로운 색을 입혀보면 다른 이야기, 다른 그림이 되고, 다른 풍경으로 이어지기도 합니다. 그러니 실수 하나가 새로운 이야기의 시작이 되고, 좋은 결말을 위한 특별한 장치가 될 수 있는 셈이지요. 또 이 실수 앞에 '아름다운'이 붙을 수 있는 것은 실수가 실수로 끝나지 않고 다시 시작해 볼 수 있었기 때문이겠지요. 〈눈이 부시게〉라는 드라마에 이런 대사가 나오는 장면이 있습니다.

　"오로라는 원래 지구 밖에 있는 자기장인데 어쩌다 보니 북극으로 흘러들어 왔어. 어쩌다 보니 만들어진 에러지. 그런데 그 에러가 에러인데도, 에러도 아름다울 수 있어, 눈물 나게."

아름다운 에러, 아름다운 실수가 얼마든지 가능한 일이라는 거죠. 오늘 하루도 온통 실수투성이지만 괜히 주눅 들어 체하기 전에 가슴을 토닥이며 다시 해볼 마음을 가져봅니다. 사실 우리는 모두 매번 난생처음 살아보는 나이의 삶을 살기에 실수할 수밖에 없는 존재들이니까요. 지금의 나 역시 살아온 연수만큼이나 실패한 이야기들의 모음집이라고 할 수 있으니까요. 이런저런 실수들이 최선을 다해 서로 협력하며 기어코 빚어내고 마는 멋진 풍경을 기대하면서 지금이라는 이 시간을 또 한 번 새롭게 지나가 봅니다.

눈물이 나는 하루지만

종일 최선을 기울여 모든 수고를 다해보지만 바람 한 줌 손에 쥘 수 없을 때가 많습니다. 이상할 만큼 내가 가는 길마다 꼬여있고, 만나는 사람마다 도움보다 해를 입히는 경우가 많은 것 같습니다. 순간순간 포기하고 싶지만 그럼에도 나를 기다리는 이들이 있어 이 길을 계속 가게 됩니다. 남들처럼 꾀도, 요령도 부족하지만 그래서 넘어지고, 다치고, 눈물이 나지만 나를 사랑하는 이들이 저만치서 나를 기다리고 있어 다시 나아가게 됩니다. 하는 일마다 잘 안 풀리고, 믿었던 사람에게 뒤통수를 맞으며 숨이 턱턱 막히는 날에 읽는 노인경 작가의 『코끼리 아저씨와 100개의 물방울』은 어떤 약보다도 더 상쾌하게 아픔을 씻어주는 것만 같습니다.

코끼리 아저씨가 파란 물방울이 담긴 물동이를 머리에 이고 뭔가 엉성한 자전거를 타고 달립니다. 100개의 물방울이 가득 찬 물동이를 이고 달리는 코끼리의 코가 신나게 위를 향하고 있습니다. 그런데 바로 다음 장부터 심상치 않습니다. 울퉁불퉁한 길 위를 달리며 물방울 몇 개를 날려버리고 코끼리 아저씨의 코는 축 늘어지고 맙니다. 그래도 조심조심 힘을 다해 달려가지만 캄캄한 동굴을 만나면서 벌벌 떠느라 또 몇 방울을 잃어버리고, 겨우겨우 빠져나왔다 싶은데 그만 절벽을 만나고 말았습니다.

"아으아아악"
"쿵!"

시련은 한 번도 그냥 비켜가질 않습니다. 코끼리 아

저씨는 절벽에서 떨어지게 되었고 그 기막힌 순간에
도 물동이의 물방울들은 야속하게 사라지고 말았습
니다. 게다가 절벽 아래로 떨어진 곳이 하필이면 가시
돋친 선인장 위. 어려움은 늘 엎친 데 덮친 격으로 한
꺼번에 달려드는 것 같습니다. 물방울은 거의 사라지
고, 엉덩이에 가시는 박히고 울고만 싶은 심정입니다.
그런데 내 걱정에 빠져있을 여유도 없이 바로 눈앞에
화재를 입은 안타까운 개미 떼를 만나게 되고, 코끼
리 아저씨는 몇 개 남지 않은 물방울로 도움을 줍니
다. 이렇게 착한 일을 했는데도 벌떼가 쫓아와서 서두
르다가 물방울을 잃고, 아슬아슬 풀숲을 지나가다가
기린에게 먹히고, 마지막으로 날아가던 새들이 몇 개
남은 물방울마저 다 앗아가 버렸습니다. 없는 살림에
도 더 없는 사람을 보면 조금씩 나눠가지며 조심조심
살아오는 길이 녹록치 않습니다. 단 한 개의 물방울도
남지 않았습니다. 완전히 바닥입니다. 빈 양동이에 큰
코를 박고 아무리 힘써보아도 바닥입니다.

　바닥난 하루, 애쓰고 애써도 남은 것이 하나도 없는
삶. 이 바닥을 확인하는 순간 눈물밖에 차오르는 것이
없습니다. 내 존재의 무사함을 지켜오느라, 다른 존재
의 무사함을 살피느라 힘쓰고 애써온 길이 이처럼 허

무한 끝을 볼 때가 있습니다. 그저 울 수밖에요. 코끼리 아저씨의 눈에 파란 눈물이 고이며 주르륵 흐르는 순간, 주룩! 하늘에서 빗줄기 하나 떨어집니다. 이어서 마치 코끼리 아저씨의 눈물을 이어받기라도 하듯 비가 쏟아집니다. 잿빛 하늘에서 쏟아지는 파란 빗줄기는 마침내 코끼리 아저씨의 빈 물동이를 채우고도 남아 넘쳐흐릅니다.

"대개 절창이란 자신을 절단 낸 뒤에야 오는 것이라고 물결 튀기며 그가 말한다"

천양희 시인이 「바다시인의 고백」에서 말한 "절창"이 코끼리 아저씨의 눈물과 하늘의 빗물이 어우러지면서 울려 퍼지는 것 같은 장면입니다. 바닥을 보게 된 순간, 절단이 나게 된 순간에 흘릴 수 있는 눈물이야말로 하늘을 향해 부를 수 있는 절창이 아닐까 생각해봅니다. 그래서 눈물이 나는 하루지만 시원하게 울어볼 작정입니다. "어떻게 노래를 시작하게 됐나요?"라는 질문에 "시작이라... 울음. 그래요. 이렇게요. 울음과 함께 시작됐죠"라고 답한 가수 밥 말리Bob Marley의 인터뷰 내용처럼 노래의 시작이 울음이었음을 배우게 되는 장면입니다.

아직도 못하는 일은 많은데

무얼 해도 실수가 잦아 걱정인데, 무얼 해도 제대로 끝내지 못하는 일도 많아 아직도 헤매는 중입니다. 아직도 멋지게 차려입지 못하고, 아직도 깨끗이 먹지 못하고, 아직도 컴퓨터를 관리하지 못하고, 아직도 얼굴과 이름을 기억하지 못하고, 아직도 무관심한 척하지 못합니다. 이처럼 아직도 하지 못하는 일을 주제로 삼은 그림책이 있습니다. 일본 작가 요시타케 신스케吉竹 伸介가 그린 『결국 못 하고 끝난 일』인데요. 정말 내 이야기구나, 하며 읽었습니다. 특히 '아직도 자발적 행동을 못합니다'라는 에피소드는 딱 내 이야기라서 가슴을 울렸습니다.

어려서부터 수줍음이 많고 소극적인 아이는 선거에 출마했던 기억이 없지만 '누가 추천해준다면 할 수도 있는데…'라는 생각을 했습니다. 사막 한가운데서 언제, 어디서 날아올지 모르는 공을 기다리는 포수 같습니다. 일단 다치지 않도록 보호구를 단단히 차고, 앉고 싶은 곳에 웅크리고 있으면 머지않아 투수와 타자가 올 거라고 은근히 기대하고 있습니다. 그런데 과연, 사막의 포수에게 경기할 날이 오기나 할까요. 다시 말해, 늘 수동적인 자세인 것이죠.

"모든 일에 적극적인 자세로 임함"이라는 말과는 거리가 있는 삶을 산 것 같습니다. 누군가 자리를 만들어주면 가까스로 그 자리에서 최선을 다해 자리를 지켜오는 정도의 삶인 듯합니다. 그런데 이렇게 생겨먹은 내가 용케도 오늘까지 무사히 살아왔습니다. 이 그림책에서 말한 내용과 거의 똑같습니다. 많은 사람이 등을 밀어주고, 인생의 마디마디에서 때로는 등을 토닥여준 덕분에 여기까지 올 수 있었습니다.

"내 등에는 분명 많은 따뜻한 사람의 손자국이 또렷이 찍혀 있을 겁니다"

내 등에도 지금 무수한 손자국이 오래도록 남아 선명하게 살아나는 것 같습니다. 아직도 여전히 못하는 일이 많을 뿐만 아니라, 맘먹고 시작한 일도 결국은 못 하고 끝난 적이 수두룩합니다. 이 책에 있는 에피소드와 같이 아직도 사놓은 책을 읽지 못하고, 아직도 축제를 즐기지 못하고, 아직도 가게 주인과 친해지지 못합니다. 그런데도 여기까지 올 수 있었던 것은 정말 많은 사람의 따뜻한 시선과 토닥임 덕분입니다. 어쩌면 내가 할 수 없는 일을 할 수 있는 사람이 곁에 있어서 이렇게 살 수 있는 비결이 되어 더 많은 사람과 함께할 수 있게 되었습니다. 실수도 많이 하고 여기저기 구멍이 많은 허점투성이지만 곁에 나와 다른 실수로, 나와 다른 구멍으로, 이렇게 저렇게 어울려 지낼 수 있는 사람들이 있어서 오늘의 삶이 꽤 괜찮은 풍경이 되어가고 있습니다.

이야기하기 위해 살다

"삶은 한 사람이 살았던 것 그 자체가 아니라, 현재 그 사람이 기억하고 있는 것이며, 그 삶을 얘기하기 위해 어떻게 기억하느냐 하는 것이다."

소설 『백년의 고독』으로 잘 알려진 가브리엘 가르시아 마르케스Gabriel Garcia Marquez의 자서전 『이야기하기 위해 살다』 서문에 나오는 말입니다. 살아가는 이유가 이야기하기 위해서라니. '왜 사느냐?'라는 질문에 대한 그럴듯한 대답이라고 생각했습니다. 적어도 이야기하기 위해 사는, 또 이야기로 기억되는 삶이라면 그 자체로 어느 정도 의미와 재미가 있을 테니까요. 이야기와 이야기하는 사람이 주목받는 시대인 요즘, 내 이야기는 어떻게 만들어지고 전해지는지 생각해보고 싶습니다. 지금은 역사·철학·사상 등을 말하는 거대 담론보다는 일상 속에서 먹고 자고 여행하고 병들고 고치는 너와 나의 이야기가 담긴 미시 담론에 더 관심이 많아 보입니다. 그런데 거대 담론이 낡은 거라서 작은 이야기가 더 매력적이라거나, 반대로 작은 이야기를 무시하고 큰 이야기를 추구하는 것이 더 바람직하다고 양분해서 생각할 수는 없을 것 같습니다. 사실 두 이야기가 우리 일상에서 잘 만나야 밀도 있는 이야기가 만들어지고, 이야기를 들려주는 이나 듣는 이나 같이 즐거워할 수 있으니까요. 이 두 이야기의 좋은 만남을 『프레드릭』이라는 그림책에서 살며시 느껴 보았습니다.

이야기를 모으는 날들

『프레드릭』은 전 세계 스토리텔러들에게 정말 많은 사랑을 받는 작가 레오 리오니Leo Lionni가 지은 책입니다. 이 이야기에는 조금은 게으른 현실 부적응자처럼 보이는 들쥐 한 마리가 주인공으로 등장합니다. 바로 프레드릭이라는 들쥐입니다. 밤낮없이 떠들며 열심히 일하는 다른 들쥐들과는 달리 프레드릭은 늘 혼자 있기 좋아하고, 일은 하지 않는 것 같고, 자주 졸고, 매일 꿈만 꾸는 것처럼 보입니다.

"넌 왜 일을 안 하니?"
"나도 일하고 있어. 난 춥고 어두운 겨울날들을 위해 햇살을 모으는 중이야"

무리에서 떨어져 혼자 지내는 프레드릭과 들쥐 친구들의 대화입니다. 프레드릭이 햇볕을 쬐며 앉아있는 모습이 어떤 시선으로는 아무것도 하지 않는 것처럼 한심해 보이지만, 사실 그는 열심히 최선을 다해 온몸으로 햇빛을 받아내는 중이었습니다. 어느 날은 멍하니 풀밭을 내려다보는 프레드릭에게 "너 왜 그러고 있니?"라는 따가운 질문이 던져졌고, 프레드릭은 색깔을 모으는 중이라고 짧게 답했습니다. 또 다른 날에는 졸고 있는 것처럼 보이는 프레드릭을 친구들이 나무라자, 지금은 이야기를 모으는 중이라는 대답이 돌아왔습니다. 다른 들쥐들이 옥수수와 나무 열매와 밀을 부지런히 모을 때 프레드릭은 햇살을, 색깔을, 이야기를 모았습니다. 저마다 일의 방식과 목적이 다를 뿐, 프레드릭은 자기 일에 진심으로 최선을 다하는 중입니다.

겨울이 되었습니다. 이 이야기의 전환점이 되는 순간이기도 합니다. 예상대로 들쥐 친구들과 가족들은 열심히 일한 양식으로 넉넉히 행복한 겨울을 보내고 있습니다. 그런데 성공과 행복에 겨운 시간에 그들이 만들어내고 열심히 전하는 이야기는 뜻밖에도 이웃에 사는 바보 같은 여우와 어리석은 고양이 이야기입니다. 그러나 모아둔 곡식들이 바닥을 드러내고 찬바람이 스며드는 서늘한 시간이 찾아오자 들쥐들은 자기들만의 위안거리이던 이야기를 잃어버리고 창백해져만 갔습니다. 그러다 프레드릭이 생각나고, 햇살과 색깔과 이야기를 모은다고 한 그의 양식이 궁금해졌습니다.

"프레드릭, 네 양식은 어떻게 되었니?"

이제 프레드릭의 시간입니다. 배고픔과 추위의 시간, 결핍과 불안의 시간이 찾아오자 프레드릭이 모아들인 양식을 풀 시간이 되었습니다. 프레드릭은 커다란 돌 위에 올라가서 친구들 눈을 감게 하고 금빛 햇

살을 보여주며 따뜻함을 느끼게 해주었습니다. 이어
서 파랗고 노랗고 붉은 초록빛 이야기를 들려주며 들
쥐 친구들이 그 색깔들을 또렷이 볼 수 있게 해주었
습니다. 그리고 마지막으로 밤낮 묵상하며 모아들인
이야기를 갈고 닦아 시로 만들어 노래하듯 들려줍니
다. 눈송이는 누가 뿌리는지, 얼음은 누가 녹이며, 궂
은 날씨와 맑은 날씨는 누가 가져오는지, 날을 저물
게 하는 건, 달빛을 밝히는 건 누구일까 묻습니다. 바
로 이어서는 친구들이나 프레드릭과 같은 들쥐 네 마
리, 즉 봄 쥐, 여름 쥐, 가을 쥐, 겨울 쥐가 넘치지도 모
자라지도 않게 네 계절을 채우고 있다고 이야기합니
다. 이야기를 마친 프레드릭의 얼굴은 수줍게 붉어졌
고, 들쥐 친구들은 손뼉을 치며 시인의 탄생을 축하했
습니다.

프레드릭 이야기는 큰 이야기와 작은 이야기의 조
화로운 만남을 보여주는 것 같습니다. 프레드릭의 무
료하고 고요한 일상이 하늘과 근원적인 이야기에 맞
닿아 있으면서 고독하고 가난한 하루를 따뜻하고 다
채로운 색깔로 채우는 특별한 이야기가 되어가는 듯
합니다. 햇살과 색깔과 이야기의 근원을 말할 때, 그
근원과 연결된 오늘 여기 돌담 아래서의 일상이 드러

나고, 아침저녁 온기와 꽃들의 피고 짐을 살뜰히 챙기는 작은 시선이 함께 느껴졌기 때문입니다. 프레드릭과 달리, 이야기 속 들쥐 가족들은 지역 담론에 치우쳐서 소문이나 가십에 귀를 기울이느라 정작 자신을 둘러싼 세상의 큰 흐름은 읽지 못하는 이들의 모습일 수 있겠다는 생각이 들었습니다.

　오늘 여기서 내가 무엇을 먹고 누구와 만나서 무슨 일을 했는지를 소소하게 풀어가는 작은 이야기들이 제 위치에서 그럴만한 근거를 갖기 위해서는 내 이야기를 둘러싸고 있는 큰 이야기와 만나야 한다고 생각합니다. 큰 이야기의 흐름 속에서 내 작은 이야기가 어디로 어떻게 흘러가는지 안심이 되기 때문입니다. 지금 날은 점점 추워지고 여기저기에서 양식 떨어지는 소리가 들리는데, 지난 계절에 내가 모은 양식들은 어떤 따뜻함으로 누구에게 다가갈 수 있을지 모르겠습니다.

　마르케스Gabriel Garcia Marquez 자서전 제목인 『이야기하기 위해 살다』를 생각하면서, 이야기가 고픈 이 시대에 나의 다녀감이 누구의 한 계절을 조금이라도 거들어주면 좋겠다는 소망을 품어봅니다.

뒤죽박죽되어 버린 이야기를

나를 소개할 때, 가끔은 이름 앞에 '스토리텔러 storyteller'라는 호칭을 붙여 쓰곤 합니다. 좋은 이야기를 지어 전하는 사람으로서 존재 의미를 스스로 부여한 셈이지요. 또 좋은 이야기를 만들 수 있다는 자신감도 어느 정도 작동했고요. 그런데 결국 그 이야기는 그 사람이라는 틀을 벗어나기 힘들다는 생각이 커지면서 점점 이야기를 발설하는 자리에 서는 일을 머뭇거리게 됩니다. 시간이 지날수록 내가 이야기했던 그 이야기의 사람과 거리가 멀어진 내 실제 모습을 마주하곤 하기 때문입니다. 좋게 마음먹고 시작한 이야기가 예상치 못한 일을 만나면서 갑자기 뚝 끊어지기도 하고, 애써 다시 시작하지만 더 꼬여버리는 것만 같아 이야기를 계속해 나가기가 꺼려집니다. 그래서인지 요즘은 자주 말을 더듬거리고, 가능하면 말하지 않는 쪽에 앉아 있으려 하는 나를 발견합니다. 그럼에도 내가 할 수 있는, 나라서 말할 수 있는, 나만의 언어로 다시 이야기해 보라고 응원하는 그림책과 사람들이 있습니다.

피터 레이놀즈Peter H. Reynols가 지은 『단어수집가』

에 나오는 제롬의 이야기입니다. 보통 수집가라면 우표나 동전이나 예술품 등을 모으는 사람을 말하는데, 이 책의 주인공인 제롬은 낱말을 모으는 단어수집가입니다. 대화하다가 관심이 가는 단어나, 책을 읽다가 문장 속에서 튀어나오는 단어나, 기분이 좋아지는 낱말을 수집합니다. 어떤 때는 무슨 뜻인지 모르는 낱말들이지만 그래도 소리 내어 말해보면 근사하게 들리는 것 같아 모아 놓았습니다. 어느덧 제롬의 낱말 책은 두툼해져서 누구에게라도 당장 많은 이야기를 들려줄 수 있을 정도가 되었습니다. 제롬은 항목별로 분류해가면서 정성을 다해 단어를 수집했습니다. 그런데 그만, 잘 분류한 낱말 책을 옮기다가 넘어지면서 쌓아놓은 단어들이 여기저기 흩어져 뒤죽박죽이 되고 말았습니다. 애써 수고한 보람이 헛되이 날아가 버리는 것 같았습니다. 흩어져버린 낱말들을 쳐다보려니 말도 안 되는 말들이 서로 붙어있습니다.

이를테면 '코뿔소 옆에 밀라노', '파랑 옆에 초콜릿' 같은 식으로 말이지요. 그런데 가만히 그 낱말들을 붙여서 말하다 보니 이상한 리듬감과 특별한 정서가 생기면서 제롬은 예상치 못했던 이야기와 만납니다. 엉망진창이 되어버린 낱말들을 하나둘 줄에 매달아가며 이야기를 연결해보니, 나란히 있으리라고 생각해보지 못한 단어들이 어울리며 멋진 상상을 불러일으켰습니다. 그래서 제롬은 그 단어들로 시를 짓고 노래를 만들어 사람들에게 감동을 주었습니다.

이야기가 쉽게 술술 풀리지 않고 오히려 뒤죽박죽되어 버린 상황에서 뜻밖에 더 좋은 이야기를 시작할 수 있는 낯선 환경이 펼쳐지기도 합니다. 베르톨트 브레히트Bertolt Brecht의 희곡 「예외와 관습」에 "예외가 관습을 수정한다"는 말이 있다고 하는데요. 내 삶에서도, 설명할 수 없는 갑작스러운 예외가 오히려 지금까지의 관습을 수정하는 새로운 이야기의 무대로 옮겨지는 경우가 많았습니다. 어쩌면 갑자기 말도 안 되게 이야기가 꼬여버린 상황이 오히려 내게 주어진 '예외'라는 선물이었지요. 그러니 더 많은 낱말을 열심히 모아야할 이유가 생깁니다. 저들의 이야기가 동이 나버린 시간에 나서서, 이 어울리지 않는 낱말들끼리 서로 어깨를 기대어 건네주는 뜻밖의 이야기를 할 수 있으니까요.

진정성 있는 한마디로, 다시

지금은 얼마나 많은 지식을 담아 말하느냐에 귀를 기울이기보다 얼마나 진정성 있게 전하느냐에 마음을 기울이는 것 같습니다. '말하는 사람'에게서 '말'보다 '사람'을 보고 싶어 하는 시대입니다. 그만큼 내가 무슨 이야기를 하려 할 때 나와 가장 잘 일치되는 말만 전달되고 있습니다. 진정성을 생각하면서 짧게라도 소개하고 싶은 책 하나가 아네스 드 레스트라드 Agnès de Lestrade가 쓰고 발레리아 도캄포 Valeria Docampo 가 그린 『낱말 공장 나라』입니다.

이 책에는 돈을 주고 낱말을 사서 삼켜야만 말을 할 수 있는 이상한 나라가 나옵니다. 좋은 낱말들은 큰 부자들의 전유물이라서 가난한 사람들은 사람들이 쓰다 버린 낱말들이나 말 찌꺼기를 사용해야 했습니다. 가끔씩 바람을 타고 낱말들이 날아다닐 때 가난한 집 아이들은 곤충망으로 그 낱말들을 잡아서 말하기도 했습니다. 필레아스도 곤충망으로 낱말 세 개를 잡았습니다. "나는 너를 사랑해"를 잡아서 좋아하는 시벨에게 주고 싶었지만 필레아스가 잡은 낱말은 "체리, 먼지, 의자"였습니다. 반면에 오스카라는 부자

91

© 아네스 드 레스트라드 글, 발레리아 도캄포 그림, 『낱말 공장 나라』, 세용(2009)

아이는 온갖 낱말을 다 갖고 있어서 거침없이 시벨에게 다가가 "소중한 너, 진심으로 사랑해, 결혼"과 같은 낱말들을 엮어가며 긴 고백을 늘어놓습니다. 필레아스는 자기가 지닌 몇 개 안 되는 낱말이 초라해 보였지만 용기 내어 "체리, 먼지, 의자"를 말했고, 세 낱말은 시벨을 향해 날아갔습니다. 시벨은 필레아스에게 다가가 볼에 입을 맞췄고, 필레아스는 오래전에 주워서 간직해온 단 하나의 낱말을 외칩니다.

"한 번 더!"

정말 인간의 모든 근사한 언어와 천사의 신령한 언어를 동원해서 말을 해도 사랑이 없으면 요란한 꽹과리에 지나지 않습니다. 지금은 진정성 있는 말 한마디를 그리워하는 이 시대를 향해, 용기 내어 천천히 건네고 싶은 낱말, "한 번 더!"를 언제 사용할 수 있을지 고르고 또 고르는 시간입니다.

살아온 이야기, 살아갈 이야기

지난 한 해의 특별한 순간은 언제였나요? 마스크를
쓰고 주먹을 맞대어 인사를 나누며, 제발 안전하길,
건강하길 기도하던 순간들이 어느 한순간의 점이 아
니라 길고 긴 선으로 지금까지 이어지는 가운데, 이
순간에 대한 이야기를 어떻게 남겨야 할지 고민했습
니다. 어떤 순간에 대한 기록이 기록하는 사람에게는
특별한 순간을 붙잡아 간직하는 데 의미가 있다면, 그
기록을 읽거나 보는 사람들에게는 그 순간에 대한 새
로운 체험과 다짐을 줄 수 있기에, 우리가 맞이하는
순간들을 어떤 기록으로 남겨야 할지 생각했습니다.
백지 위에 손을 올려놓고 오래도록 머뭇머뭇하다가
자주 찾은 위안은 걷기, 계속 걷기, 그리고 읽기, 계속
읽기와 같은 일들이었습니다. 그러다 맞이한 새해, 여

전히 마스크를 쓰고 안부를 묻는 가운데서 지금까지 살아온 이야기가 또한 이 순간 살아갈 이야기가 되어 가고 있음을 발견하며 모든 순간의 의미를 헤아려봅니다.

모든 때의 모든 아름다움

모든 일에는 때가 있다고, 『구약성경』「전도서」의 지혜자는 기록했습니다. 태어날 때가 있고 죽을 때가 있으며, 무언가를 심을 때가 있고 심은 것을 뽑을 때가 있으며, 죽일 때와 치료할 때, 헐 때와 세울 때, 울 때와 웃을 때, 슬퍼할 때와 춤출 때, 돌을 던질 때와 돌을 거둘 때, 안을 때와 안는 일을 멀리 할 때…가 있습니다. 어느 한쪽이 좋고 어느 한쪽은 좋지 않다는 전개가 아니라, 아무런 가치판단을 하지 않은 채 나란히 배치하여 모든 때가 다 필요에 따라 아름다울 수 있음을 보여줍니다. 조금 두껍지만 노르웨이 작가 리사 아이사토Lisa Aisato가 쓰고 그린 『삶의 모든 색』이라는 일러스트북을 통해, 다시 한 번 사람이 날 때부터 죽을 때까지 겪게 될 모든 순간이 그 나름의 색으로 각자의 시절을 경축하고 있음을 보았습니다. 아이

의 때, 소년의 때, 어른의 때가 기나긴 시간으로 이어
지면서 인생의 전 여정에 깃든 여러 색이 충분히 아
름다웠습니다.

'아이의 삶'에서는 빗속에서 놀며 행복했던 순간과
크리스마스의 신비로움, 새로 접하는 세계의 놀라움,
온종일 지치도록 놀며 집에 가기 싫어하던 괴로움, 천
하무적의 용맹스러움, 자주 다치는 바람에 생긴 상처
들, 나를 빼고 벌어지는 세상의 불공평함에 맞서던 일
들이 사랑스럽게 그려져 있습니다. '소년의 삶'에서는
천방지축 놀던 시절을 지나 향수를 쓰기 시작하고, 학
교와 공부라는 고달픈 길을 저마다 힘겹게 지나면서
잊을 수 없는 선생님을 만나기도 하지만 대부분은 어
른들의 걱정을 사고, 뒤죽박죽으로 보이는 세상에서
당당하게 날갯짓을 칩니다. '자기의 삶'에서는 자기를
찾아가는 순간들과 사랑하는 짝을 찾는 사랑의 순간
들이 그려지고, '부모의 삶'에서는 모두가 처음 겪는
일에서 오는 당혹감과 밤낮으로 버텨야 하는 매일의
일과 속에서 곤혹스러워합니다. '어른의 삶'에서는 자
신이 참 강하고 영원하다고 느끼는 순간들이 있지만
어떤 날은 버스에 치인 사람같이 처참해질 때가 있습
니다. 아이들이 떠나는 빈 둥지 속에 찾아오는 고요함

과 외로움, 연로하신 부모를 돌봐드려야 하는 무거운 책임감으로 조금씩 몸도 마음도 늙어갑니다. 그리고 마음은 스물두 살이지만 몸은 낯설기만 한 노년의 '기나긴 삶'에서는 손주들과 함께 마법처럼 찾아오는 크리스마스의 신비와 밤낮으로 꿈꾸는 일들과 낙천적인 일상이 그려집니다. 무엇보다 죽음이라는 두려움 앞에서 곁을 지켜주는 사람 덕분에 외로움과 상실을 경험하는 가운데서도 삶의 모든 순간의 아름다움을 가슴에 품게 됩니다. 나면서부터 죽음 너머의 순간까지 어느 한 장면도 아름답지 않은 순간은 없습니다.

우리가 좋다고 생각하는 어느 한 장면만 축복으로 여기는 것이 아니라 우리가 맞이하는 모든 순간, 때로는 고개를 갸웃할 수밖에 없는 일들까지도 하나하나 아름다움으로 헤아리는 마음입니다. 안희연 시인이 쓴 『단어의 집』이라는 산문집에 윤동주의 「별 헤는 밤」이 왜 '별 세는 밤'이 아닐까 생각하며 말한 인상적인 부분이 있습니다. '세는 것'과 '헤는 것'의 차이가 수량을 센다는 점에서는 동일하지만, 셈이 따져 묻고 판단하는 일이라면 헤아림 속에는 가늠하고 생각하는 과정이 있다고 했습니다. 그러면서 시인은 '헤다'는 물살을 가르며 앞으로 나아가듯이 힘과 의지,

애씀이 수반되는 말이니 매사 헤아리며 살자고 했습니다. 새로운 한 해를 시작하면서 하루 이틀, 한 달 두 달, 지나가는 세월의 날수를 세는 것을 넘어 우리가 맞이하는 모든 날에, 심지어 고통스럽게 여겨지는 이 순간들을 잘 헤아리며 슬기로운 마음 얻기를 소망해 봅니다.

모든 순간을 수집하면서

"어떤 그림이든 비밀이 있어야 하지. 나조차 그게 뭔지 모를 수도 있어. 그리고 사람들이 내 그림에서 나보다 훨씬 더 많은 걸 발견할 수도 있단다. 나는 수집가일 뿐이야. 난 순간을 수집한단다."

『책그림책』으로 잘 알려진 크빈트 부흐홀츠Quint Buchholz가 쓰고 그린 『순간 수집가』라는 그림책에 나오는 내용입니다. 구닥다리 철테 안경을 쓰고 조금 뚱뚱한 편이어서 학교 애들에게 곧잘 놀림을 받는 아이가 사는 주택으로 이사를 온 화가 막스 아저씨가 아이에게 해준 말입니다.

막스 아저씨는 자주 집을 비우고 돌아다녔고, 어느 때는 마치 탐정처럼 거리 구석구석을 살펴보기도 하고, 모래언덕 사이를 뛰어다니기도 하고, 방파제 옆 공원 벤치에 오랫동안 조용히 앉아있기도 하면서 늘 들고 다니는 작은 공책에 몇 자 끼적거리거나 빠른 속도로 스케치하곤 했습니다. 여행에서 돌아온 뒤 그림을 그리는 아저씨의 작업실에 아이는 언제든 드나들며 놀 수 있었고, 아저씨 옆에서 바이올린을 켜면서 특별한 우정을 쌓았습니다. 그런데 아저씨는 이상하게도 완성된 그림들을 뒤집어놓았기 때문에 아무도 그림을 볼 수는 없었습니다. 너무 일찍 보여주면 찾았다 싶은 길을 다시 잃어버릴 수도 있기 때문이라는 이유가 있었지요.

그러던 어느 날, 아저씨는 꽤 오랫동안 여행을 떠나면서 아이에게 화실 열쇠를 주고 언제든 들어가게 해주었습니다. 아이가 화실에 들어갔을 때 그동안 벽을 향해 있던 그림들이 모두 아이를 향해 있었습니다. 그리고 그림들 앞에는 아저씨가 쓴 메모들이 하나하나 붙어 있어서 마치 아저씨의 화실이 이 아이 한 명을 위한 특별 전시장이 되었습니다. 그림들에는 가끔 아저씨가 들려줬던 믿을 수 없는 사물들과 사건들이 아주 세밀하게 그려져 있었습니다. 듣지도 보지도 못했던 이야기들, 허무맹랑해 보이던 이야기들을 그림으로 보면서 아이는 전혀 낯설지 않았습니다. 오히려 그림들이 아이를 휘어잡고 그림 속으로 잡아끄는 것 같았습니다. 한 어른의 너른 시야가 한 아이의 가슴의 폭을 얼마나 확장했을지 짐작이 됩니다.

막스 아저씨는 세상을 여행하면서 만난 순간들을 수집해서 그림으로 옮겼을 뿐이지만, 그 그림들은 한 번도 동네 밖을 떠나보지 못했던 어린 소년의 가슴을 열어 온 세상의 신기함을 경험할 수 있게 해주었습니다. 아저씨가 없는 화실을 매일 드나들던 아이가 마지막으로 등대 그림을 보면서 자신의 바이올린을 가져와 등대 그림 속에서 울려 퍼지는 곡을 연주했습니다. 그리고 '어떤 섬에 있는 등대'라고 아저씨가 그림 앞에 쓴 쪽지 뒷면에 아이는 이렇게 썼습니다.

"막스 아저씨, 전 거기에서 연주하는 음악을 또렷하게 들을 수 있어요."

세대를 초월하여 아름다운 창작의 연대가 이뤄지는 장면입니다. 음악이 울려 퍼지는 아저씨의 등대 그림과 그림 속 음악을 실제 바이올린으로 연주하는 아이의 합작이 탄생하는 순간이었습니다. 계절이 지나가고 집으로 돌아온 아저씨가 다른 곳으로 이사를 떠나고 아이는 잠시 아저씨를 잊은 듯 보냈지만 어느 날 아저씨한테서 소포가 왔습니다. 소포에는 그림 한 장이 있었습니다. 방파제 위에 빨간 소파가 있고, 그 소파는 그림들에 둘러싸여 있고, 소파 위에 파란 점퍼를 입은 남자아이가 서서 바이올린을 켜는 그림이었습니다. 바로 막스 아저씨 화실에서 그림을 보던 아이의 모습이었죠. 그림 뒤에는 아저씨의 낯익은 글씨가 있었습니다. "예술가 선생님, 선생님의 바이올린 선율은 언제나 내 그림 속에 있다는 거 알고 있나요?"

그리고 막스 아저씨의 그림대로 이 아이는 대학교에서 바이올린 가르치는 교수가 되었습니다. 우리 인생에서 그냥 지나쳐 사라져버리게 하지 않고 수집한 어떤 순간들이 다른 한 삶에 새로운 의미로 펼쳐지게 할 수 있음에 설레는 장면들이었습니다.

마커스 보그Marcus J. Borg의 『놀라움과 경외의 나날들』서문에 인용된 기도문입니다.

"하루씩 지나가고 한 해씩 사라지건만, 저희는 기적들 사이를 장님처럼 걸어갑니다. 저희의 눈을 볼 것들로 채워주시고, 저희의 마음을 알 것들로 채우소서. 당신의 현존이 마치 번갯불처럼 저희가 걸어가는 어둠을 비추는 순간들이 있게 하소서. 저희가 어디를 바라보든, 떨기에 불이 붙었지만 불에 타서 없어지지 않는 것(출 3:2)을 볼 수 있게 도우소서. 그리고 당신께서 빚으신 흙덩이인 저희들이 거룩함에 닿게 하시고, 놀라움 가운데 '이 얼마나 경이로 가득한 곳인가…'(창 28:17) 하고 외치게 하소서."

올해도 하루씩 한 해씩 지나가고 사라지겠지만, 분명한 것은 매일 우리가 이 기적들 사이를 걸어가고 있다는 사실입니다. 매 순간을 경이와 경탄으로 수집하며 걸을 수 있기를 다짐해봅니다.

모든 요일의 시와 만나기를

미카 아처Micha Archer의 『다니엘이 시를 만난 날』이라는 짧은 그림책을 보면, 다니엘이 "공원에서 시를 만나요. 일요일 6시에"라는 안내문을 읽고 시에 대해 궁금증을 갖기 시작합니다. 그리고 월요일 아침에 거미줄에 맺힌 이슬을 보고 있는데 "시는 아침 이슬이 반짝이는 거야"라고 거미가 말해줍니다. 화요일에는 오래된 참나무에서 만난 청설모한테 "시는 바삭바삭 나뭇잎이 바스락거리는 거야"라는 말을 듣습니다. 수요일에는 굴속 다람쥐에게서 "시는 오래된 돌담이 둘러싼 창문 많은 집"이라는 말을 듣고, 목요일에는 개구리에게서, 금요일에는 거북이에게서, 토요일에는 귀뚜라미가 귀뚤귀뚤 우는 소리에서 시가 뭔지를 듣습니다. 그리고 토요일 밤에는 부엉이의 속삭임을 통해 시를 배웠습니다. 마침내 일요일이 되어 다니엘은 사람들 앞에서 시를 발표합니다. 다니엘의 시는 다름 아닌, 월요일부터 토요일 밤까지 만난 순간들을 수집한 노래였습니다. 머리를 짜내어 시를 쓴 것이 아니라 자신이 만난 장면들, 자신이 들은 말들을 모아 자신의 운율에 맞춰 배열했을 뿐입니다. 집으로 돌아오는 길에는 연못에 비친 노을을 보며 걸음을 멈추고 "내 생각엔 저게 바로 시 같아" 하자, 잠자리가 "내가 보기에도 그래"라고 대답합니다. "시란 쓰는 것이 아니라 줍는 것"이라는 말처럼 모든 순간의 만남에 대한 기록

© 크빈트 부흐홀츠, 『순간 수집가』, 보물창고(2021)

이 아름다운 작품으로 새롭게 탄생하는 순간입니다.

  "순간 수집가"

  창조주 하나님을 믿는 사람들의 좋은 별명이 될 수
있겠다고 생각했습니다. 하나님이 창조하시고 우리
에게 살아가라고 주신 날들을 걸어가는 동안 만나는
모든 순간에 대해 좋든지 좋지 않든지 좋을 수밖에
없는 시간이 됨을 신뢰하며 수집하고 기록할 순간을
살펴봅니다. 가만히 어느 한 공간에서 끄적거리는 어
느 한순간에 대한 글과 그림이, 어느 날 어느 한 사람
에게 특별한 경험으로 도착하게 될 수 있기를 바라
면서.

어둠이 찾아오면, 밤을 켜세요

하루가 시작되었습니다. 여기서의 '시작'은 몇 시를 가리킬까요? 사전적 의미로는 보통 '자정子正에서 다음 날 자정까지'를 말하거나 '해 뜨는 아침부터 해 지는 저녁까지'를 말합니다. 그런데 『성경』에서는 흥미롭게도 "저녁이 되고 아침이 되니, 하루가 지났다"(창세기 1:5, 8, 13, 23, 31)고 하면서 하루의 시작을 해가 지고 점점 어두워지는 시간에 두고 있습니다. 대개 빛이 있는 낮 동안 일하고 밤에는 그 수고로 얻은 대가를 누리며 편안히 눕는 줄로 알았는데 그 반대일 수 있겠다는 발견입니다. 어쩌면 우리의 수고가 멈추고 무엇을 할 수 없는 어둠이 깊은 밤이야말로 우리를 살려내고 키워내는 성숙의 시작 시간일 수 있겠다는 생각입니다. 라이너 마리아 릴케Rainer Maria Rilke의 아름다운 시선 『두이노의 비가』에 "나를 낳아 준 어둠이여, 나는 불꽃보다 당신을 좋아한다. … 어둠은 모든 것을 스스로 품고 있다. … 나는 밤을 믿는다"라고 말하는 시가 있습니다. 시인에게는 어둠의 시간이야말로 위대한 언어를 낳아주는 창조의 요람이었음을 짐작하게 합니다. 어둠 속에서, 깊고 깊은 밤을 지나는 동안 어둠이 만들어내는 여명의 시간이 제시간에 도착하고 있음을 우리는 경험으로 이미 알고 있습니다. 그러니 밤이 깊으면 어둠이 빚어내는 이야기들에 귀를 밝히며 자장자장 무서운 마음들을 가라앉혀주면 좋겠습니다.

생각에 생각을 낳는 밤

밤의 이야기를 생각하다가 미셸 르미유Michele Lemieux 가 지은 『천둥치는 밤』을 함께 읽고 싶었습니다. 책을 열면 어느 천둥치는 밤에 한 소녀가 사랑하는 강아지 피도와 함께 침대에 누워 잠을 청합니다. 그런데 도무지 잠이 안 오고 도리어 수천 가지 질문이 머릿속을 맴돌기 시작합니다.

갑자기 "무한의 끝은 어딜까?"라는 질문부터 시작해서 "하늘에 구멍을 뚫으면, 무한이 보일까? 그리고 그 구멍에 구멍을 또 하나 뚫는다면 뭐가 나타날까?" 질문에 질문이 꼬리를 물고 이어집니다. "우리는 어디에서 왔지?", "나는 누굴까?"와 같은 인간의 근원적 질문이 있는가 하면 "우리가 만일 채소처럼 땅에서 솟아 나와 자란다면 어떨까?"와 같은 천진한 질문들이 웃음을 짓게 합니다. 그리고 "이따금 내가 어떻게 해야 할지 도무지 알 수 없는 때가 있어", "그런 때에는 누군가가 나를 꼭 껴안고 어루만져 주면 좋겠어", "하지만 어떤 때에는 제발 모두들 나를 가만히 좀 내버려 두면 좋겠어. 내 마음대로 하게!"와 같은 소원들이 질문들 사이에 묻혀있기도 합니다.

그러다가 이어지는 또 다른 질문들, 질문이 질문을 낳으면서 점점 더 잠은 오지 않고 눈이 말똥말똥해지는 것은 어쩌면 굳게 닫힌 창문이 열릴 만큼 폭풍우 휘몰아치는 밤이기 때문인지 모릅니다. 그래서 질문들 사이에 천둥치는 밤을 알려주는 그림이 배치되어, 같은 밤이지만 이 밤에도 여러 층위가 있고 그 사이로 답 없는 질문들이 쉴 새 없이 오가고 있음을 보여줍니다. 이상하게도 불면의 밤에는 어디에 있다가 한

꺼번에 몰려오나 할 정도로 많은 생각들이 찾아옵니다. 대부분 쓸데없는 생각들이니 잠이나 자라고 할 수 있겠으나, 오히려 잠 못 이루는 밤에 찾아오는 이러한 무용의 생각들이 생의 전환점을 불러오는 창조의 기회가 되기도 합니다.

그림책치고는 두꺼운 240쪽 분량에 실린 길고 긴 고민과 질문들과 바람들은 사실, 우르릉 꽝꽝 천둥소리와 번쩍이는 번개의 무서움을 외면하기 위한 방어기제일지도 모릅니다. 저마다 어둠을 견디는 방식이 있을 텐데 누군가는 이 어둠을 이야기로 쓰거나 그림으로 풀어가고, 누군가는 노래를 지어 부르며 밤을 지나가니까요. 다만 어둠이 완전히 우리를 삼켜버리거나 짓누르지는 못하도록, 어둠 속을 지나면서도 어둠에 갇히지 않도록 어둠을 익히는 일은 필요해 보입니다. 『밤이 선생이다』라는 책으로 많은 이에게 영감을 준 황현산 선생은 한 인터뷰에서 "밝은 곳에 있는 가능성은 우리가 다 아는 것이고, 어둠 속에 있는 길이 우리 앞에 열린, 열릴 길이다"라고 했습니다. 어둠을 잘 배워 익히면 그 속에서 빛나는 길을 발견할 수 있음을 깨닫게 됩니다. 길고 긴 어둠의 시간이 쉽게 끝나지 않을 것처럼 어둡지만 그럼에도 분명한 것은 이 밤이 지나 신비를 품은 아침이 온다는 사실입니다.

어둠이 오면 밤을 켜는 아이

밤에 대해 이야기를 할 때마다 추천하고 싶은 책이 있습니다. 속마음으로는 나만 몰래 알고 좋아하고 싶은 책이지만 이 책이 주는 통찰이 내 둔한 머리를 한 방 내리치는 것처럼 신선했기에 널리 소개해야 할 것 같습니다. SF 소설의 대가인 레이 브래드베리Ray Bradbury가 딸을 위해 쓴 글에 리오 딜런Leo Dillon과 다이앤 딜런Diane Dillon이 그림을 그린 『밤을 켜는 아이』입니다. 조금은 낯설게 느껴지는 그림이라 쉽게 선택하진 않을 것 같은 책이지만, 내용은 언어와 생각의 진부함을 완전히 깨뜨리는 청량함을 선물해줍니다.

책은 밤을 좋아하지 않는 아이 이야기로 시작합니다. 보통의 아이들은 잠자리에 들기를 싫어하죠. 잠이 들면 혼자가 될지 모른다는 막연한 두려움 때문이기도 하겠지만 더 놀고 싶은 마음이 커서일지도 모르지요. 어쨌든 아이들은 대개 졸음이 와도 잠을 자지 않으려고 끝까지 버티려 하지요. 밤을 좋아하지 않는 아이는 전등 스위치를 싫어했습니다. 전등 스위치를 내리면 집안의 모든 불빛이 다 꺼졌기 때문입니다. 그래서 전등 스위치라면 만지고 싶지도 않았습니다. 어느 날 밤, 모두가 일찍 잠자리에 들어 고요한 집 안에서 아이는 혼자 돌아다니며 불을 켰습니다. 거실의 불, 현관의 불, 복도의 불, 부엌의 불, 다락방의 불까지 다 켰습니다. 부모님은 다시 집 안을 돌아다니며 스위치를 내려 불이란 불은 모두 껐습니다. 그러면 아이는 침대 속으로 숨어들어 늦은 밤인데도 자기 방 안을 환히 밝혔습니다. 마을 전체에서 불 켜진 방은 아이의 방 하나뿐이었는데 그때 누군가 불쑥 소리쳤습니다.

"안녕!"
"내 이름은 어둠이야"

밤을 좋아하지 않는 아이에게 어둠은 밤과 인사를 시켜주겠다고 하면서 밤하고 친구가 될 수 있을 거라고 했습니다. 그리고 어둠은 말합니다.

"잘 봐, 스위치를 내린다고 꼭 불이 꺼지는 건 아냐! 스위치로 밤을 켜는 거야. 똑같은 스위치로 말이야!"

© 미셸 르미유, 『천둥치는 밤』, 비룡소(2000)

정말 기발한 발견이죠? 탄성이 나오는 것은 바로 이어지는 내용입니다. 그런 줄 몰랐다고 감탄하는 아이에게 어둠이 또 말해줍니다. "네가 스위치로 밤을 켜면, 귀뚜라미 소리도 켜는 거야! 그리고 개구리 소리도 켜는 거야!" 그렇죠. 밤이 되어야만, 어둠이 깊어야만 비로소 켜지는 빛이 있고, 들리는 소리가 있습니다. 그러니 스위치를 내리고 밤을 켜야만 볼 수 있는 세계인 셈이지요.

우리가 살고 있는 도시의 하루는 빛의 과잉이라고 할 수 있을 정도로 어둠의 시간이 짧습니다. 밤에도 밤을 느낄 수 없을 만큼 환한 불빛으로 사람들의 잠은 늘 어수선하고, 더불어 식물과 동물의 세계도 낮밤의 혼돈 속에서 시름시름 앓느라 고단합니다. 너무 환한 시간을 오래도록 쉬지 않고 걷다 보니 오히려 우리는 더 자주 발을 헛디디고 더 크게 넘어지고 아예 길을 잃어버리기도 하는 것 같습니다. 그러니 밤을 밤으로 어둡게 지켜주는 것이 낮 시간의 빛을 온전히 누릴 수 있는 질 좋은 바탕이 될 것입니다. 물론 깊은 어둠이 자리한 밤은 무서울 수 있지만 이 밤을 켜야 그동안 못 보았던 별과 달을 보고, 그동안 듣지 못했던 귀뚜라미 소리와 개구리 소리를 들을 수 있기에,

불을 켰던 스위치로 오늘 하루의 시작인 밤을 켜는 시간을 맞이하려 합니다. 길고 긴 이 어둠의 밤이 우리의 허다한 이야기들을 아침 이슬처럼 영롱한 빛으로 새롭게 켜주는 창조의 시간이 될 것입니다.

"흑암이 나를 덮고 나를 두른 빛은 밤이 되리라 할지라도 주에게는 흑암과 빛이 일반이라"(시편 139:11-12)

시인 다윗의 노래처럼 흑암이 빛과 다를 바 없고, 이 어둠이 곧 빛을 낳는 그릇이었음을 깨닫게 될 것입니다.

여기의 밤이 그곳의 낮을

아이들은 친구들과 함께 즐거웠던 낮 시간의 놀이에 취해 날이 저무는 시간을 아쉬워합니다. 샬럿 졸로토Charlotte Zolotow가 쓴 『바람이 멈출 때』를 보면 해가 저물어 잠자리에 들기 싫은 아이가 엄마에게 묻습니다. "왜 낮이 끝나야 하나요?" 아이의 엄마는 "그래야 밤이 올 수 있으니까. 저길 보렴. 밤이 시작되고 있지?"하며 밤의 달과 별이 어둠과 함께 아이를 위해 꿈을 준비하고 있다고 말해줍니다. 그래도 낮이 사라져 슬픈 아이는 낮 동안 환히 비춰주었던 따뜻하고 부드러운 해가 어디로 가는지 궁금했습니다. 이렇게 침대에 누운 아이와 곁에 앉아있는 엄마의 대화가 잠들기 전까지 계속됩니다. "낮은 끝나지 않아. 어딘가 다른 곳에서 시작하지. 이곳에서 밤이 시작되면, 다른 곳에서 해가 빛나기 시작한단다.", "바람이 그치면 바람은 어디로 가나요?", "어딘가 다른 곳으로 불어가, 나무들을 춤추게 하지." 바람에 날린 민들레 꽃씨는 다른 곳으로 날아가 새로운 민들레를 피우고, 산은 봉우리를 넘어 밑으로 내려가 골짜기가 되고, 구름은 흘러 흘러 어딘가 다른 곳에 그늘을 만들러 가는 거라고 지혜로운 엄마는 답해줍니다. 시처럼 아름다운 내용이 모든 마지막은 새로운 시작점이라는 사실을 알려줍니다.

같은 시간, 이쪽에서 밤을 켜는 아이와 저쪽에서 불을 켜는 아이가 만납니다. 이문재 시인은 「지금 여기가 맨 앞」이라는 시에서, "나무는 끝이 시작이다"라고 하면서 '맨 끝이 맨 앞'이 됨을 노래했습니다. 절망과 눈물, 고독과 분노의 밤을 만났을 때 여기가 끝이 아니라 맨 앞, 즉 새 창조의 시점이 될 수 있음을 알려줍니다. 희망과 공감, 연대와 사랑의 시작이 여기에서부터 움트고 있음을 보여줍니다. 그래서 우리가 마지막이라고 탄식하는 순간에 그 마지막에서부터 새롭게 시작되는 이야기가 있음을 신뢰하며 다시 연필을 들게 됩니다. 오늘 내 하루의 서사가 누군가의 곁에서 시로 피어나는 순간은 어쩌면 지금 맞이하는 이 어두운 밤에서부터 시작될 것입니다. 그러니 밤을 켜주세요.

라이너 쿤체Reiner Kunze가 「예술의 끝」이라는 시의 마지막 연에서 "그러자 아름답게 캄캄해졌다"라고 썼는데, 그대와 나 사이에도 이처럼 아름답게 캄캄한 모순형용의 자리가 종종 허용되면 좋겠다는 기대를 해봅니다.

말없이 들어주는 말들

청각장애인과 경추 손상으로 가슴부터 아래쪽 모두가 마비된 사람이 레슬링 경기를 펼쳤습니다. 청각장애인은 상대의 장애와 맞추기 위해 양손을 뒤로 돌려 묶고, 다리와 발목도 벨트로 묶은 채 링에 올랐습니다. 경기가 시작되자, 상대보다 비교적 몸을 자유롭게 움직일 수 있는 청각장애인은 묶인 발을 위로 들었다가 아래로 찍으면서 공격하면 충분히 이길 수 있는 상황이었습니다. 그러나 그렇게 하지 않았습니다. 누가 먼저 시작했는지 모르지만 두 선수는 어느샌가 서로 이마를 부딪치며 쿵. 쿵. 쿵. 쾅. 쾅. 쾅. 박치기 경쟁을 했습니다. 뼈와 뼈가 부딪치는 묵직한 통증이 오가고, 서로의 이마가 부어오르고, 콧등이 찢어지고 피가 흐르는 경기, 무려 8분 19초 동안 이뤄진 시합이었습니다. 한순간 정신을 잃었다가 눈을 뜬 청각장애인은 경기에서 진 것을 알고 의사의 처치를 받다가 맞서 싸운 상대의 평온한 미소를 담기 위해 사진을 찍었습니다. 시합 때는 한마디 말도 오가지 않았지만, 수십 시간을 대화하며 말을 전하는 것보다 깊은 것이 마음에 닿았습니다. 아무 말 없이 오직 몸을 통해서, 몸만으로 두 사람이 서로에게 전하는 '목소리'의 농밀한 대화였습니다. 사이토 하루미치齋藤 陽道가 쓴 『목소리 순례』에 나오는 한 장면입니다. 저자는 두 살 때 청각장애를 진단받은 후, 바로 보청기를 끼고 혹독한 발음 훈련을 거듭하며 듣는 사람이 되기 위해 노력했지만 오히려 타인과의 관계가 멀어짐을 확인하고 농학교에 진학해서 자신만의 목소리를 찾으며 사진가로 활동하고 있습니다. 그가 장애인 프로레슬링에 참가해서 경험한 이야기를 전해주는 이 장면을 통해, 온갖 말이 범람하는 세상에서 진짜 전해지는 말의 무게가 주는 뻐근함을 몸으로 느끼며, 말하지 않아도 들을 수 있는 말의 고요한 세계를 다녀온 것 같았습니다.

말하는 방식, 듣는 방식

러시아의 문학 이론가인 미하일 바흐친Mikhail
Bakhtine은 "삶이란 그 본질상 대화적이다. 산다는 것
은 대화에 참여하는 것을 의미한다"*라고 말합니다.
사람은 누구나 어떤 방식으로든지 대화하기를 원하
고 대화에 참여하면서 자신의 가치를 발견해 나간다
는 의미입니다. 그런데 자신의 언어를 말하는 방식이
사람마다 입장에 따라 다르기 때문에 잘 듣고 답하는
일에도 나만의 일방적인 방식이 아니라 말하는 이의
말하기 방식에 맞춤한 듣기 방식이 필요합니다. 수어
로 말하는 이가 있고, 얼굴의 모든 근육을 움직이며
더듬더듬 말하는 이가 있고, 언어와 상관없이 사회적
약자의 처지에서 겨우 한마디 내뱉어야 하는 이가 있
어서, 우리의 듣는 방식 또한 좀 더 세밀하고 사려 깊
게 잘 훈련될 때 적합한 의사소통을 해나갈 수 있을
것 같습니다. 때때로 내가 한 말과 그가 듣는 말의 다
름으로 예상치 못한 어려움을 겪으며 의사소통에서
잘 듣는 일의 중요함을 배우게 됩니다.

* 정우향, 『소통의 어려움』, 한국문화사, p. 11.

조던 스콧Jordan Scott이 쓰고, 시드니 스미스Sydney Smith가 그린 『나는 강물처럼 말해요』라는 그림책은, 말하는 이와 듣는 이 사이에 큰 강과 같은 장애가 있지만 오히려 그 강에서 같이 들을 수 있는 더 깊은 언어가 있음을 보여주는 듯합니다.

아침에 눈을 뜨면 자신을 둘러싼 낱말들의 무수한 소리를 듣지만 그 어떤 것도 제대로 말할 수 없는 아이의 이야기가 담긴 이 책에는, 하고 싶은 말을 목구멍에서만 고통스럽게 웅얼거리던 저자의 어린 시절에 관한 자전적 경험이 녹아있습니다. 수업 시간에 무엇을 발표해야 할 때면 입안에는 아침의 낱말들이 가득 차 있지만 입을 열면 다른 아이들이 들을 수 없는 소리만 나왔습니다. 출발어와 도착어 사이에 커다란 강이 흐르고 있는 것 같습니다. 입안에서는 아침에 보았던 소나무와 까마귀를 말하고 있는데, 아이들은 자기들처럼 말하지 않는 것에만 귀를 기울이고 얼굴이 이상해지는 것만 보고 있습니다. 그럴 때마다 아빠는 아이를 강가로 데리고 가서 말해줍니다.

"너도 저 강물처럼 말한단다"

아이는 강물을 보며 물거품이 일고, 소용돌이치고, 굽이치다가, 부딪치는 그 강물처럼 말하는 자신을 보게 되었습니다. 그리고 이제 말하기 싫을 때마다 이 당당한 강물을 생각하며 입을 움직였습니다. 이 책은, 유창하게 흐르는 강물도 때로는 더듬거리듯 머뭇거릴 때가 있듯이 사람들의 말하는 방식이 다름을 이야기하면서 가슴으로 귀 기울여 들어주기를 부탁하고 있습니다. 말을 더듬거리는 것이 아니라 다른 방식으로 말하는 거라고, 단어와 소리와 몸을 가지고 겉으로는 잘 드러나지 않는 복잡한 노동을 하는 중이라고 전해주고 있습니다. 그러니 우리가 들을 때도 말하는 모든 행위의 숨은 노동을 볼 수 있도록 같은 층위의 노동을 기울여야 할 것 같습니다.

들어준다는 건

저마다 하고 싶은 말이 많고, 꼭 해야 할 말이 있어서 다양한 경로와 방법을 동원해가며 말들을 쏟아놓는 시대에 누군가의 말을 가만히 들어준다는 건 쉬운 일이 아닐 겁니다. 특히 '사랑해'와 같이 천만 번 들어도 기분 좋은 말이 아닌, 상실과 고통의 말들을 들어주는 일은 더욱 어렵기만 합니다. 한 번은, 두 번은, 하룻밤은, 한 삼 일 밤은 들어줄 수 있습니다. 『구약성경』「욥기」에 나오는 욥의 친구들은 무려 칠 일 밤낮을 욥과 함께 앉아 말없이 욥의 고통에 참여했습니다. 엄청난 위로와 공감의 시간을 같이 보낸 셈입니다. 하지만 안타깝게도 그 이후, 더 많은 밤낮의 시간을 충고와 논쟁을 하면서 욥의 아픔을 더욱 증폭시켰습니다. 들어준다는 건, 그만큼 어려운 일입니다. 그가 하는 말을 넘어 그가 못 하는 말까지 들어주려니 더 깊이 귀를 기울이고, 더 애써 몸을 기울이고, 더 사려 깊게 마음을 써야 하는 일입니다.

코리 도어펠드Cori Doerrfeld가 쓰고 그린 『가만히 들어주었어』를 보면 귀가 큰 토끼가 나오는데 잘 들어주는 존재의 아름다움을 보여줍니다. 어느 날, 테일러는 뭔가 새롭고 특별하고 놀라운 것을 만들었습니다. 뿌듯함도 잠시, 갑자기 새들이 날아와 테일러의 작품을 망가뜨리고 말았습니다. 실망하고 낙심한 테일러에게 무슨 일이 일어났는지 재빠르게 알아차린 닭이 찾아왔습니다. 닭은 테일러가 당한 처지를 안타까워하며 "꼬꼬댁 꼬꼬꼬!" 소리와 함께 부산하게 어떻게 된 일인지 말해보라고 재촉합니다. 하지만 테일러는 말하고 싶지 않았고 닭은 가버렸습니다. 다음엔 곰이 찾아와서 그럴 땐 소리를 지르라고 충고하다가 테일러가 소리를 지르고 싶어 하지 않자 곰도 가버립니다. 다음엔 코끼리가 와서 자기가 고쳐줄 테니 무너지기 전의 상태를 잘 떠올려보라고 충고하지만 테일러가 떠올리고 싶어 하지 않자 코끼리도 그만 가버립니다. 다음엔 하이에나가 와서 그냥 웃어버리라 하고, 다음엔 타조가 와서 그냥 아무 일 없던 것처럼 숨어버리라 하고, 다음엔 캥거루가 와서 싹 다 치워버리면 그만이라고 충고하고, 다음엔 뱀이 와서 자기랑 같이 다른 애들 거 무너뜨리면서 기분 풀자고 유혹합니다. 하지만 테일러는 아무것도 하고 싶지 않았고, 결국 모두 가버리고 혼자 남았습니다.

교훈적 우화 같지만 우리 역시 문제를 겪는 이들이나 아픔을 당한 이들을 찾아가 위로를 건네며 비슷한 행동을 할 때가 많습니다. 무슨 일인지 말해봐라, 크게 소리를 질러봐라, 곰곰이 생각해봐라, 웃어넘겨라, 아무 일 없는 것처럼 잊고 지내라… 하며 온갖 조언들과 좋은 말들을 늘어놓기 쉽습니다. 하지만 고통의 시간을 보내는 이에게 이런저런 충고들은 오히려 상황을 낮게 하기는커녕 더 쓰라린 아픔을 줄 수 있습니다.

친구들이 가버린 후에 혼자 남은 테일러에게 토끼가 다가왔습니다. 그런데 토끼는 조금씩, 조금씩 다가와서 다가오는 줄도 모르게 등 뒤에 와서 테일러가 따뜻한 체온을 느낄 때까지 가만히 있어 주었습니다. 한참을 말없이 등만 대고 있다가 이윽고 테일러가 토끼에게 같이 있어달라고 말합니다. 토끼는 가만히 테일러가 말하는 것을 들어주었고, 소리 지르는 것도, 웃는 것도, 숨는 것도 그 곁을 지키며 다 들어 주었습니다. 마침내, 테일러가 다시 해보겠다고 말하는 것까지 고개를 끄덕이며 들어 주었습니다. 한마디 말도 없이 테일러가 먼저 말하게 하고 새로운 시작을 할 수 있도록 가만한 힘이 되어준 것입니다.

들어준다는 건, 그가 필요한 시간에 그가 바라는 방식으로 그 곁에 있어주다가 듣게 되는 말이 있음을 알게 되는 일입니다. 무엇보다 내가 듣고 싶은 말이 아니라 그가 하고 싶은 말을 하게 하는 것이니, 그 말을 할 때까지 기다려주면서 가만히 그가 기댈 수 있는 등을 대주는 일입니다.

© 조던 스콧 글, 시드니 스미스 그림, 『나는 강물처럼 말해요』, 책읽는곰(2021)

입장의 동일함

"머리 좋은 것이 마음 좋은 것만 못하고, 마음 좋은 것이 손 좋은 것만 못하고, 손 좋은 것이 발 좋은 것만 못합니다. 관찰보다는 애정이, 애정보다는 실천이, 실천보다는 입장이 더욱 중요합니다. 입장의 동일함, 그것은 관계의 최고 형태입니다."

많은 사람들이 자주 인용하는 신영복 선생의 『담론』에 나오는 글입니다. 들어준다는 것에 대해서도 '입장의 동일함'이 곧 최고의 경청이지 아닐까 싶습니다. 타자의 고통과 상실에 대해 들으면서도 어떻게 해서든지 그 마음 그대로 나도 느끼고 싶지만, 그래서 경청의 훈련을 힘써 해보지만 실제로는 정말 잘 모르겠다고 그 곁에 겸손히 같이 앉아있는 것이지요. 백희나 작가의 사랑스러운 책 『나는 개다』에서 이와 같은 입장의 동일함이 무엇인지 즐겁게 읽어 보았습니다.

'구슬이'라고 불리는 개의 시점에서 이야기가 진행되는데, 구슬이는 동네 개들의 엄마인 방울이네 넷째로 태어나 동동이네 집으로 보내져 가족이 되었습니다. 구슬이와 동동이는 멸치깡을 나눠먹는 의리로 맺어진 특별한 관계입니다. 구슬이는 꼬마 동동이가 떼쟁이에다 울보지만 자기가 끝까지 보살펴야 할 존재라고 생각합니다. 어느 날 밤, 구슬이는 배가 아파서 그만 동동이 침대에 크게 실례를 하고 아버지에게 야단을 맞으며 베란다로 쫓겨나고 말았습니다. 그날 밤은 소리 내어 울 수도 없을 것 같아서 구슬이는 작은 소리로 혼자 울었습니다. 그런데 생각지도 못한 일이 일어났습니다. 글쎄 그 꼬맹이, 성가신 존재인 동동이가 이불을 끌고 와서 자기 옆에 같이 누워 자는 겁니다. 밤마다 자기 가족일지 모르는 개들의 소리에 자기도 하울링으로 대답하면서 위로를 주고받던 구슬이에게 인간 꼬맹이의 따뜻한 곁이 얼마나 큰 힘이 되었을까요? 혼자 우는 외롭고 추운 밤에 같이 누워주는 꼬맹이가 있는 한 구슬이의 밤은 충분히 훈훈했을 것입니다.

들어준다는 건, 전하는 이와 듣는 이의 말만이 아니라 그 사이에 흐르는 여러 겹의 침묵에도 같이 참여하는 일입니다. 그러니 말없이 듣는 말이 잘 전해지도록 하기 위해서는 무엇보다 마음을 같이하는 일이 중요합니다. 레슬리 제이미슨Leslie Jamison은 『공감 연습』이라는 책에서 '공감의 구조'라는 연구를 바탕으로 "공감이 건축과 디자인, 작업대와 전기를 갖춘 집이나 사무실처럼 우리가 짓는 건물임을 암시한다. 한자에서 '듣다'를 뜻하는 글자 '聽청'자는 귀와 눈을 뜻하는 글자, 온전한 수평선을 뜻하는 一자, 갑작스런 급습과 마음의 눈물방울을 뜻하는 心자 등 많은 부분으로 건축된 하나의 구조물"이라고 했습니다. 세밀한 설계로 이뤄진 건축물처럼 듣는 일이란 그만큼 많은 노동과 훈련을 해야 비로소 잘 들을 수 있게 됩니다. 모두가 마이크를 손에 잡고 내 말을 들으라고 외치는 시대에, 말없이 들어주는 말들을 찾아 가만히 귀 기울여주는 어떤 특별함에 대해 많이 연습하고 싶습니다. 그리고 강성 언어들이 난무하던 시대의 독일 시인 라이너 쿤체Reiner Kunze의 「한 잔 쟈스민 차에의 초대」라는 짧은 시의 전문인 "들어오셔요, 벗어 놓으셔요 당신 │ 근심을, 여기서는 │ 침묵하셔도 좋습니다"를 몇 번이고 조용히 낭송하고 싶습니다. 낮은 목소리로.

무수한 감점으로 다시 피는 봄

"지금 우리에게 필요한 것은 세계관世界觀이 아니고 세계감世界感이다. 세계와 나를 온전하게 느끼는 감성의 회복이 긴급한 과제다. 우리는 하나의 관점觀點이기 이전에 무수한 감점感點이다."

이문재 시인의 『지금 여기가 맨 앞』이라는 시집의 서문에 나오는 문장입니다. 지금은 우리가 누구이며 우리를 둘러싸고 있는 이 시대를 어떻게 볼 것이냐에 관한 물음을 넘어, 우리 곁에 있는 사람들과 더불어 그들이 느끼는 것과 같은 감점을 지니고 사는 일이 다행한 시절입니다. 유난히 봄이 아픈 사람들 곁에서 무심히 봄을 지나가기가 쉽지 않고, 애써 같이 아파한다는 모양새가 얼마나 공감을 일으키는지 자신이 없어서입니다. 가까스로 아픔의 목록들을 짚어가며 열람하는 정도에서 그치는 것만 같아 민망한 계절입니다. 그럼에도 매해 자신에게 새로운 다짐이라도 해야 해서, 나만 아는 몸의 어느 구석에 타투를 하듯 괴로운 글을 새기고, 아픈 그림을 헤집으며 한 계절 아픔을 고스란히 받아내곤 합니다.

모르는 사람의 모르는 일

다니카와 슌타로谷川俊太郎가 쓰고, 이세 히데코伊勢英子가 그림을 그린 『우산을 쓰지 않는 시란 씨』는 우리에게 특별한 이야기를 전해줍니다. 이야기 주인공인 시란 씨는 보통의 우리와 같은 사람으로, 바닷가 작은 마을 출신이지만 큰 도시의 회사에 취직해서 월급도 제법 많이 받고 성실하게 일하면서 동료들과 상급자에게 인정을 받는 꽤 멋있는 남자입니다. 퇴근 후에는 맥주 한잔과 함께 텔레비전을 보면서 편안한 휴식을 취합니다. TV 채널을 돌리다가 먹을 것이 없어 삐쩍 마른 어린애가 나오면 '불쌍하지만 세상에 저런 일은 언제나 있기 마련이지' 하고 무심코 지나칩니다. 어느 날은 우체통에 편지가 와서 보면, 억울하게 갇힌 사람들의 구명 활동을 위한 편지 쓰기에 동참해달라는 내용입니다. 시란 씨는 불쌍하긴 하지만 만난 적도 없는 사람들의 이야기로 자신과는 상관없는 일이라고 생각합니다. 그러던 어느 날 밤 갑자기 군인들이 쳐들어와서 시란 씨를 체포했습니다. 자신은 아무 죄가 없다고 항변했지만 소용없었습니다. 집에 우산이 하나도 없고 비가 내려도 우산을 쓰지 않는다는 이유로 시란 씨는 매를 맞으며 옥에 갇혔습니다. 지금 이 세계와 우리 사회에도 적지 않은 사람들이 시란 씨처럼 단지 생각이 다르다는 이유로 갖은 모욕과 박해를 받고 있습니다. 더 참을 수 없는 고통은 어제까지만 해도 친절한 동료요 믿을 만한 상사였던 사람들의 바뀐 태도였습니다. 시란 씨를 칭찬하며 좋아했던 그들은 시란 씨가 체포되자 갑자기 태도를 바꿔서 그가 그럴 만한 사람이었다고까지 믿어버립니다. 심지어 도둑이나 살인죄보다 머릿속 보이지 않는 생각을 더 두려워하며 생각의 다름에 저마다 제 몸 사리는 일에만 관심을 갖습니다. 그리고 조금씩 자기 삶에 취해 시란 씨 사건은 모르는 일이 되어갑니다.

시란 씨를 아는 사람들 사이에서 시란 씨 이름이 잊

혀가는 순간, 시란 씨의 얼굴을 모르는 사람들이 시란 씨 이름을 부르며 편지를 씁니다. 시란 씨의 나라를 알지 못하는 사람들이 시란 씨 나라의 음악을 들으며 시란 씨를 위해 구명 편지를 씁니다. 또 다른 먼 나라에서도 봄을 알리는 소식과 함께 시란 씨의 친구가 되어 시란 씨의 건강을 걱정하는 엽서가 우체통에 넣어집니다. 먼 나라의 어느 굶주린 어린이를 보며 나와는 상관없는 일이라고 여겼던 시란 씨, 억울한 누명을 쓰고 옥에 갇힌 사람들에게 보내는 편지 쓰기에 동참해달라는 요청에도 관심을 보이지 않았던 시란 씨를 위해, 지금 시란 씨를 만나본 적이 없는 사람들이 자신들과 상관있는 일로 여기고 있는 것입니다. 이름을 부르기 전까지는 시란 씨가 모르는 사람이었지만, 이름을 부르고 편지를 쓰면서 나와 아는, 내 삶과 상관있는 사람으로 내 앞에 존재하고 있음을 보여줍니다.

옮긴이 말에 따르면 '시란'이라는 이름에는 '모른다'라는 뜻이 있어 '모르는 사람', '나와는 상관없는 사람'이라는 의미를 담고 있다고 합니다. 누군가 어려운 일을 당하고 고통을 겪고 있다는 소식을 들었는데, 그가 과연 우리에게 계속 모르는 사람으로 있을 수 있는지 되묻는 것 같습니다. 사실 우리가 모르는 사람들의 억울한 일을 계속 모른 체하지 않고, 좀 더 알아보려 하고, 조금씩 알아주고, 또 아는 사람이 되어갈 때, 우리 사회가 모르는 사람의 모르는 일이 불러오는 불안으로부터 자유해질 수 있으리라 생각합니다. 문학평론가 신형철은 폭력에 대해 말하면서 "'폭력이란? 어떤 사람/사건의 진실에 최대한 섬세해지려는 노력을 포기하는 데서 만족을 얻는 모든 태도.' 더 섬세해질 수도 있는데 그러지 않기를 택하는 순간, 타인에 대한 잠재적/현실적 폭력이 시작된다"라고 했습니다. 그러니 누군가를 억압하고 주먹을 휘두르는 일만이 아니라, 그 폭력에 대해 섬세하게 알아보고 반응하는 일을 하지 않는 한가함 역시 무서운 폭력임을 깨닫게 됩니다. 해마다 심하게 봄을 앓는 이들과 함께 앓으며 그 아픔을 잊지 않으려 애쓰는 자리만큼은 어떤 무자비한 이들의 폭력도 자리 잡을 수 없으리라는 믿음을 가져봅니다.

울음으로 소리를 내는 존재들

등산길에서 간혹 검은등뻐꾸기 울음소리와 만나

게 되면 그 자리에 멈춰 서서 한참을 귀 기울여 듣습니다. 들을 때마다 뭔가 전할 말이 있는 것처럼 정확히 네 마디로 우는 소리입니다. 신기하게도 어떤 날은 '애썼다고', 또 어떤 날은 '괜찮다고'로 들리기도 합니다. 듣는 이의 처지와 기분에 따라 다르게 들려서이기도 하겠지만, 문득 새가 그때마다 다른 말을 하고 있다는 생각이 들었습니다. 새의 울음소리가 아니라 사실은 웃음소리일 수도 있고, 또 노래이거나 꾸짖는 소리일 수도 있는 어떤 의사 표현일 수 있는 것입니다. 그러니 내 편에서 규정지어 '새가 운다'라고 뭉뚱그리며 말하는 것은 새의 편에서 보면 같이 대화하기 어려운 무례함에 지나지 않을 것입니다.

일본의 군국주의를 비판하다가 쫓겨나 이방에서 활동했던 작가 야시마 타로八島太가 지은 『까마귀 소년』은, 이 울음소리에 대한 많은 생각을 안겨줍니다. 학교에서 늘 외톨이로 지내는 한 아이가 있습니다. 이 아이는 다른 아이들에게 '모르는 애'입니다. 그냥 '땅꼬마'라고 불리는 낯선 애입니다. 선생님도 아이들도 누구도 거들떠보지 않는 외톨이입니다. 공부할 때도 놀 때도 철저히 혼자인 이 아이는 보기 싫은 것을 보지 않으려고 사팔눈을 하기도 하고, 몇 시간 동안 뚫어지게 천장만 쳐다보거나 책상의 나뭇결을 골똘히 살피곤 했습니다. 어떤 때는 친구 옷에서 꿰민 곳을 찾아내어 꼼꼼히 살피기도 하고, 운동장에서는 눈을 감고 가만히 귀를 기울여 온갖 소리를 듣고, 땅바닥을 기어 다니는 지네와 굼벵이들을 열심히 들여다보기도 했습니다. 이런 행동을 보고 다른 아이들은 이 아이를 "바보 멍청이"라고 조롱했습니다. 그러나 정작 이 아이는 누가 뭐라 하건 말건, 날마다 비가 오거나 태풍이 부는 날에도 빠짐없이 한결같이 '타박타박' 걸어서 학교에 왔습니다. 시간이 지나 6학년 졸업반이 되었을 때, 새로 부임한 선생님은 땅꼬마의 해박한 자연 지식에 경탄하며 그를 좋아했습니다. 땅꼬마는 머루가 열리는 곳은 어디이고, 돼지감자가 자라는 곳은 어딘지 죄다 알고 있었고, 꽃이란 꽃도 다 알고 있었으니까요. 그뿐 아니라 땅꼬마의 그림도 붓글씨도 이 웃음기 가득한 선생님의 마음을 빼앗았습니다. 그리고 학예회에서 선생님은 땅꼬마가 까마귀 울음소리를 흉내 낼 거라고 발표했습니다.

'까마귀 소리', 무대에 오른 땅꼬마는 알에서 갓 태어난 새끼 까마귀 소리를 냈다가 다음에는 엄마 까마귀 소리와 아빠 까마귀 소리, 다음에는 이른 아침에 우는 까마귀 소리와 즐겁고 행복할 때 내는 소리를 각각 다르게 냈습니다. 아이들은 땅꼬마의 소리를 들으며 모두 먼 산자락으로 끌려갔고, 마침내 고목에 앉아 우는 까마귀 흉내를 내며 목구멍 깊은 곳에서 아주 별난 소리가 토해져 나왔을 때는 모두의 머릿속에 땅꼬마네 식구들이 사는 멀고 외딴곳이 또렷하게 떠올랐습니다.

"까우우워워아악! 까우우워워아악!"

소리 내어 따라 읽다가 몇 번이고 눈물을 훔쳐내야 했던 장면이었습니다. 선생님은 땅꼬마가 까마귀 소리를 배우게 된 곳은 동틀 무렵에 학교로 타박타박, 해 질 무렵에 집으로 타박타박, 하루도 빠짐없이 날마다 홀로 걸어가는 길고 고된 그 길 위에서였다고 말해 주었습니다. 6년 동안 철저하게 홀로였던 멀고 먼 등하굣길, 또래의 친구들과도 선생님과도 대화를 나누지 못한 채 늘 홀로였던 땅꼬마가 들려준 까마귀 소리는 그냥 새 울음이 아니라 수십여 가지의 의사를 전하는 특별한 언어였던 것입니다. 그리고 아무도 봐주지 않는 구석에서 사팔눈 흉내를 내고, 한 해 내내

창밖에 보이는 것들과 대화를 나눠야 했던 외로운 소년의 마음을 토해내는 절절한 기도였습니다. 문 안에 있는 아이들의 눈 밖에 벗어난 아이가 소통할 수 있는 대상은 문밖에 펼쳐진 놀라운 자연이었고, 그 자연의 소리에 아이는 속 깊이 귀를 기울이며 자신만의 언어를 배우고 익혔습니다.

어쩌면 지금도 우리 곁에서 미처 우리가 알아보지 못하는 어느 구석에서 누군가는 지렁이 울음소리를 배우고, 꽃들의 신음을 듣고, 바람의 비명을 익혀가며 자신의 말을 실어 보내는 연습을 할 수도 있겠다는 생각이 들었습니다. 그러니 우리에게는 '왜 저렇게까지 말할까?', '꼭 저렇게 울어야 하나?' 하며 누군가의 감정 표현을 함부로 말할 자격이 없습니다. 그저 울음으로밖에 소리를 낼 수 없는 존재들이 오늘도 우리 곁에서 숨죽이는 연습을 하느라 이상한 신음소리를 내고 있을지 모릅니다. 다정한 선생님이 아이에게 소리를 낼 수 있는 무대를 만들어주었듯이, 살면서 우리가 할 수 있는 일은 우는 자들에게 울 수 있는 무대 하나 마련해주는 일일 겁니다.

곁에서 곁을 만들고, 다시 곁을 이루며

공감과 연대에 관해 좋은 안내를 해주는 정진호 작가의 『위를 봐요!』라는 그림책이 있습니다. 이 책은 가족 여행 중에 사고로 다리를 잃은 수지라는 아이가 아파트 베란다에서 거리를 내려다보며 '모든 게 개미 같다'라고 말하며 시작됩니다. 위에서 아래를 보니 실제 까만 머리만 보이는 사람들이 오가는 모습이 개미 같습니다. 그에 비해 아래를 응시하는 수지의 머리는 그림책 한쪽을 다 차지할 정도로 크게 보입니다. 거리엔 아이들과 강아지의 노는 모습, 비가 오면 우산들의 행렬, 그리고 무리 지어 걷는 사람들이 다채롭게 펼쳐지고 있지만, 수지 편에서 보면 너무 멀고 무심하기 그지없는 세계입니다. 아무도 위에 있는 수지에게는 관심이 없습니다. 없을 수밖에요. 위에 무슨 일이 있는지 모르고, 저마다 자기 갈 길에 바빠 저 위까지 관심을 보일 필요가 없으니까요. 수지는 온종일 고층 아파트 베란다 난간에 기대어 누구라도 위를 봐주길 소원하고 또 소원합니다.

"위를 봐요!"

ⓒ 야시마 타로, 『까마귀 소년』, 비룡소(1996)

이 말은 어쩌면 입 밖으로 크게 외쳐진 소리라기보다 수지의 입안에서만 맴도는 기도 같은 신음이었을 겁니다. 그런데 마침 한 아이가 고개를 들어 위를 봤고 드디어 수지와 대화가 시작되었습니다. 아픈 다리로 내려갈 수 없어서 거리의 사람들이 머리 꼭대기만 보인다는 수지의 말에, 아이는 길바닥에 드러누우며 말합니다.

"그럼, 이건 어때?"

길에 드러누운 아이에게 지나가던 사람이 왜 그러고 있는지 묻자, 아이는 위에서 내려다보고 있는 수지를 바라보게 해줍니다. 그러자 그 사람도 아이 곁에 눕고, 또 지나가던 사람이 그 곁에, 또 다른 사람이 그 곁에 누워 모두 위를 봤습니다. 강아지도, 자전거도 다 누워서 위를 봤습니다. 그러자 처음부터 거의 마지막까지 수지의 머리만 보여주던 그림책에 수지의 환한 미소가 아주 커다랗게 그려집니다. 그리고 마지막 장에 늘 수지가 아래를 내려다보던 자리에 초록 새싹 화분이 놓여있고, 수지는 거리에서 처음 소통했던 아이와 같이 위를 바라보고 있습니다.

사람과 사람 사이의 거리가 저 위와 저 아래로 멀리 떨어져 있는 것처럼 소통이 안 되는 경우가 많습니다. 장애와 빈부격차, 학력과 능력에 따라 어떤 이의 의사소통은 자유로운 반면, 어떤 이의 소통은 지독한 외로움 속에서 신음과 탄식으로 반응할 수밖에 없는 경우도 많습니다. 다리 하나를 잃어 거리의 사람들과 소통할 수 없는 수지를 위해, "그럼, 이건 어때?" 하고 길바닥에 누워서 소통의 다리를 만들어준 한 아이의 유쾌한 제안을 보며 소통의 외로움을 겪는 시대에서 우리가 할 수 있는 일을 다시 생각해봅니다. 오랜 아픔과 고통 속에서 제대로 된 소통이 무엇인지조차 희미한 이들에게 이렇게 해봐라 저렇게 해봐라 조언하기를 그치고, 우리 쪽에서 먼저 "이건 어때?"라고 내놓을 창조적 제안이 많아지면 좋겠습니다. 한 걸음 더 나아가, 고통 받는 이와 함께하기 위해 "그럼, 이건 어때?"라고 창조적 제안을 내놓은 사람 곁에 같은 마음으로 드러누울 수 있는 또 하나의 곁이 필요함을 보여줍니다. 엄기호 작가가 『고통은 나눌 수 있는가』에서 "고통에 '곁'이 필요한 만큼 고통의 곁에도 곁이 필요하다"라고 말한 내용을 생각하면서 우리의 아픈 4월이 고통의 곁에 곁의 곁을

만드는 무수한 감점感點들로 새롭게 피어나기를 기
도해봅니다.

죄책감에 대한 변호를

숙명여대 어귀에 '죄책감'이라는 특별한 이름의 책방이 있습니다. '죄사장'으로 불리는 사장님과 '죄크루'로 불리는 친구들이 돌아가며 작은 힘을 보태면서 즐겁게 운영되는 곳입니다. 처음 방문했을 때는 왜 그런 부정적인 이름을 지었을까, 혹시 이름 때문에 사람들이 꺼리진 않을까 우려 아닌 우려를 하기도 했습니다. 하지만 "세상의 아픔에 대한 먹먹함", "다 내 탓인 것 같은 불편함", "선한 양심 혹은 죄책감"이라고 간결하게 써 붙인 책방의 생각을 읽으며 고개를 끄덕였습니다. 기후위기를 염려하고 환경을 생각하면서도 여전히 쓰레기를 줄이지 못하고 있고, 동물복지를 생각하면서 여전히 고기를 먹고 있는 내 속에도 같은 죄책감이 있기 때문입니다.

누구에게나 있는

교회를 다니면서 내 안에 있는 죄책감이나 나를 정죄하는 마음, 그리고 수치심 같은 부정적인 감정들을 다 없애버렸다고 생각했는데, 그리고 사실은 그래야 한다고 믿었는데 지금 내게는 조금씩 필요한 감정일 수도 있을 것 같습니다. 예수님이 내 모든 죄와 죄책을 다 해결해주셨으니 난 자유하다는 확신이 자칫 상처 입은 세상을 향해 무심하고도 냉담한 구호로 더 아픈 상처를 낼 수 있기 때문입니다. 이창동 감독의 영화 〈밀양〉에서처럼, 신께 자신의 죄를 용서받았기 때문에 조금의 죄책감도 없이 평화롭다고 말하는 살인자의 얼굴에서 우리가 느끼는 당혹스러움을 생각해보면 오히려 조금이라도 죄책감을 지니고 사는 것이 선한 양심에 가까울 것 같습니다.

요시타케 신스케吉竹 伸介라는 사랑스러운 그림책 작가가 쓴 『오줌이 찔끔』이라는 책을 보면 누구에게는 있는 어떤 오점汚點에 대해 말하고 있습니다. 아무리 조심해도 어린 남자 아이가 오줌을 누기 전이나 누고 난 후에 맨날 찔끔 새서 엄마한테 혼이 납니다. 얼룩이 생겼지만 그래도 찔끔이니까 겉에 바지를 입으면 아무도 모를 거라고 위안을 삼으면서 마를 때까지 밖으로 돌아다니기로 합니다. 그런데 겉으로 보기에 멀쩡한 모습으로 지나가는 사람들도 자기처럼 오줌이 찔끔 새서 곤란한 사람이 있을 거라는 의심이 들기 시작합니다. 그래서 만나는 사람들에게 물어봅니다.

"너 혹시 오줌이 찔끔 샜니?"

사람들의 대답을 들어보니 모든 사람에게는 오줌이 새는 문제와 다르게 저마다 자기만의 곤란한 문제가 따로 있었습니다. 애써 없애려 해도 없어지지 않는 어떤 부끄러움이 누구에게나 있을 수 있다는 이야기입니다. 그래서 괜히 주눅이 들고 제대로 시선을 맞추지 못하고 피해 다니기도 합니다. 하늘이 파랗고 바다가 이렇게 넓은데 오줌이 찔끔 새는 문제 하나가 때로는 온종일 나를 괴로움에 빠뜨리기 때문입니다. 이런저런 방법을 사용해서 이제 좀 없앴나 싶은데 앗! 또 오줌이 찔끔 새기도 합니다. 이 책은 그런 사람들에게 그래도 괜찮으니 좀 웃으라고 귀여운 눈짓을 보내줍니다. 너도 그렇지만 실은 나도 그러니 서로 같이 응원하며 지내보자고 토닥여주고 있습니다.

오늘은 오늘의 반성으로

거의 모든 날의 일기가 반성으로 끝나는 걸로 기억되는 어린 날의 그림일기들이 생각납니다. 무슨 잘못을 그렇게나 많이 하고 또 크게 했는지 맨날 잘못했다는 고백과 함께 다음엔 그렇지 않겠다는 약속을 하곤 했습니다. 아마도 순백의 천에 작은 얼룩 하나가 크게 보이는 것처럼 아이들의 맑은 마음으로는 작은 잘못 하나라도 엄청 크게 다가오기 때문일 것 같습니다. 그림일기 형식으로 작업을 하는 김동수 작가의 『감기에 걸린 날』이라는 그림책이 있습니다.

눈 오는 어느 날, 아이에게 엄마가 따뜻한 옷을 사다주십니다. 그런데 옷을 입고 보니 깃털 하나가 삐져나와 있습니다. 깃털이 왜 빠져나왔을까 생각하다가 잠이 들었습니다. 그런데 눈을 떠보니 여러 마리 오리가 모여 있었고, 그 중 한 마리가 털이 없어서 춥다고 하며 아이의 옷 속에서 깃털을 뽑아달라고 부탁합니다. 아이는 옷 속에서 열심히 깃털을 뽑아 오리들에게 심어주지요. 마지막 하나까지 다 뽑아 심어주고 오리들과 함께 신나게 놀았습니다. 그런데 오리들과 숨바꼭질 놀이를 하다가 갑자기 재채기가 나오면서 "에

취!"하고 잠에서 깨었습니다. 그날 아이는 감기에 걸리고 말았지요. 엄마는 아이가 이불을 잘 덮고 자지 않아서 감기에 걸렸다고 했지만 아이는 알고 있었습니다. 오리들에게 옷 속에 있는 깃털을 모두 주어서 감기에 걸린 거라고 말입니다. 그런데 이상한 일은 오리털 옷을 입고 학교 가는 길에 옷에서 깃털 하나가 또 빠져나오는 겁니다.

어쩌면 아이는 추운 겨울 내내 오리털 옷을 입고 다녔겠지요. 그리고 그 옷을 입는 내내 오리털에 대한 불편한 감정을 지니고 다녔을 것 같아요. 삐죽삐죽 옷 속에서 깃털이 빠져나올 때마다 오리들의 종종걸음을 생각하며 죄책감에 콜록거리는 기침소리를 냈을 테고요. 하지만 밤새 잠 못 이루고 뒤척이게 한 이런 부끄러움이 언젠가 이 아이를 동물보호가로 성장하게 하는 발판이 될 수도 있겠다는 생각이 들었습니다. 어떤 후회와 부끄러움은 때로 우리를 더 좋은 일을 하게 하는 자극이 되기도 하니까요. 바울 사도도 고린도교회에 보내는 편지에서 "하나님의 뜻대로 하는 근심은 후회할 것이 없는 구원에 이르게 하는 회개를 이루는 것"(고린도후서 7:10)이라고 했습니다.

오늘은 오늘의 반성을 하는 그림일기가 필요한 날

입니다. '뭘 그렇게까지' 하는 마음들이 우리의 선한 양심을 마비시키고 죽어가게 만들 수 있기에 날마다 뭔가를 쓰면서 마음을 자주 돌봐야 할 것 같습니다. 김수영 시인이 "젊은 시인詩人이여 기침을 하자. 눈 위에 대고 기침을 하자"고 강렬하게 요청한 것처럼 어떤 무딤에 대해 경고를 불러일으키는 장치 하나는 몸 안에 꼭 두면서 말입니다. 자신이 입은 옷 때문에 추위에 떠는 오리들 생각에 이마가 뜨겁고 기침을 하는 어린 아이의 감기처럼, 우리의 어떤 잘못 때문에 죄책감으로 조금씩 신열을 앓는 일 같은 특징이 내게도 필요합니다.

죄책감 때문에 잠 못 이루지만

자신의 잘못해 대해 너무나 쉽게 그럴 수 있는 일이라고 말하기보다 먼저 부끄러워하는 마음이 필요합니다. 무엇보다 내 잘못으로 누군가 해害를 입게 되었다면 마땅히 괴로워하고, 일을 바로 잡기 전까지는 죄책감을 지니고 살아야 합니다. 노르웨이 작가 마리안네 그레테베르그 엔게달Marianne Gretteberg Engedal이 지은『슬기로운 소시지 도둑』이라는 독특한 그림책이 있습니다. 아홉 살 셸의 이야기인데 온 가족이 도둑이어서 셸도 도둑질을 해야만 하는 슬픈 운명에 처해 있습니다. 세상 모든 건 훔칠 수 있고, 훔쳐도 되는 거라고 믿고 사는 가족과 달리 셸은 정말 도둑질이 싫습니다. 가족을 따라 어쩔 수 없이 도둑질을 해야 할 때는 아무도 갖고 싶지 않은 쓰레기 같은 물건만 훔쳤습니다.

어느 날, 셸의 반 친구의 가족이 여행을 떠나자, 셸의 가족은 셸을 데리고 그 집에 들어가 물건들을 모조리 훔쳐 왔습니다. 그날 밤, 셸은 잠이 오지 않았고, 친구의 가족이 집으로 돌아왔을 때 펑펑 울 친구 생각을 하니 너무나 괴로웠습니다. 결국 숲속에 사는 친구들 도움으로 훔쳐 온 물건을 모두 제자리에 되돌려 놓고서야 마음이 가벼워졌습니다. 셸의 가족은 화가 나서 더는 이 형편없는 도둑을 봐주지 않기로 하고 도둑의 자격을 박탈해 버렸습니다. 셸은 이제 도둑으로 살아갈 운명에서 벗어나 새로운 일을 찾아 '직업교환센터'를 만들고 사람들에게 좋은 일을 소개해 주는 사람이 되었습니다. 죄책감으로 잠을 이루지 못했던 예민한 마음이 자신의 나쁜 배경을 바꿔서 의미 있는 일들로 새롭게 배치할 수 있게 된 것입니다.

　죄책감을 덜어내고 없애는 일이 중요하지만 때로는 그 죄책감 때문에 삶을 고쳐 새롭게 시작하는 기회를 만들기도 합니다. 죄책감은 나 때문에 속상했을 친구의 눈물을 생각하게 하고, 용서받고 화해하기 위해 길고 무서운 밤길을 걸어가게도 합니다. 그래서 죄책감은 필요한 감정이고 소중히 다뤄야 할 감정입니다. 그림책에서 의미 있게 살펴 본 부분은, 셀이 자기감정을 다루는 장면이었습니다. 셀은 밤길에서 만난 숲 속 괴물 같은 친구들과 많은 대화를 하면서 자기가 누구인지, 뭐하고 사는 사람인지, 특히 뭐하고 싶은 사람인지 발견하는 과정을 거치는 것 같았습니다. 이어서 대화를 하던 친구들의 저마다 다른 처지와 소원도 듣게 되고, 그들과 힘을 합쳐 어두운 죄책감을 떨쳐 내는 장면이 인상적이었습니다. 나 혼자서는 어찌 해 볼 수 없는 어떤 죄책감일지라도 누군가와 대화를 나누는 일은 퍽 괜찮은 일일 것 같습니다.

　"저 혼자 어쩌겠어요?"

　"우리가 도와주면 되지! 모두 힘을 합치면, 그 물건들을 몽땅 돌려놓을 수 있을 거야."

어린아이와 같은 마음으로

"하늘의 무지개를 볼 때마다
내 가슴 설레느니,
나 어린 시절에도 그러했고
다 자란 오늘에도 매한가지,
쉰 예순에도 그렇지 못하다면
차라리 죽음이 나으리라.
어린이는 어른의 아버지
바라노니 나의 하루하루가
자연의 믿음에 매어지고자."

　"어린이는 어른의 스승이다"라고 말할 때 사람들은
윌리엄 워즈워스William Wordsworth의 시, 「하늘의 무지
개를 볼 때마다」를 떠올립니다. 나이를 먹어가면서

나도 모르는 사이에 점점 어린 시절 경탄과 설렘으로 뛰던 가슴이 오랫동안 잠들어있음을 발견하며 어린 아이들의 웃는 소리가 다시 들리는 이 계절에 내 가슴도 덩달아 뛰게 하는 방법을 찾아봅니다. 새로운 것을 알아갈 때마다 신기해하고, 웃고 우는 감정에 더없이 솔직하고, 자주 감탄사를 말하는 것으로라도 어린아이 같은 마음을 다시 품고 싶습니다. 시시한 일로 누가 먼저인지 다투는 유치함childish이 아니라 어린아이처럼childlike 겸손하고 진실하며 신뢰하는 마음, 그 어디에서라도 천국을 누릴 수 있는 그 흡족한 마음이 다른 누구에게서가 아니라 내 안에서부터 되살아나기를 기대해봅니다.

500원의 행복

어린아이의 이 흡족한 마음이 차재혁 작가의 글과 최은영 작가의 그림으로 표현된 『500원』이라는 그림책에 유쾌하고 행복하게 펼쳐집니다. 책을 열면 어질러진 거실 풍경 속에서 누나는 막 집을 나가고, 책을 보던 아빠는 소파에 누워 깊은 잠이 들었는데, 탁자

밑에 500원짜리 동전이 떨어져 있습니다. 엄마는 청소하느라 바쁘고 콧구멍을 후비던 아이는 애써 무관해보려 하지만 온 신경이 500원짜리 동전 쪽으로 곤두서 있습니다. 물구나무서기도 해보고, 양파링 안경을 만들어 눈을 감아보고, 망토를 쓰고 벨트를 묶으며 몸을 조여 봐도 500원짜리 동전 앞에서는 일순간에 모두 무장 해제되고 말았습니다. 결국 탁자 밑으로 들어가 500원을 손에 쥐었습니다. 그리고 처음부터 일의 전말을 알고 있는 강아지와 대화를 나눕니다. 적어도 이 돈으로 착한 일을 해보고 싶은 바람을 공유하는 듯한 눈짓입니다. 엄마 구두를 살지, 아빠 노트북을 살지, 할아버지 안경이나 할머니 모자를 살지, 아니면 누나 머리핀이나 형 자전거를 사는 것도 좋겠다 싶습니다. 드디어 500원이 든 주먹을 불끈 쥐고 집을 나섭니다. 500원으로 뭘 살 수 있을까요? 소년은 옷가게도 기웃거려보고, 노트북 매장도 구경하고, 가방 가게도, 안경 가게도, 모자 가게도, 심지어 사랑하는 강아지 페페의 간식 가게도 한참을 바라봅니다. 주머니 속의 500원을 만지작거리며 머리핀 노점도, 자전거 상점도 성실하게 다 살펴봅니다. 500원으로 살 수 있는 게 뭐가 있을까요? 소년은 결심합니다.

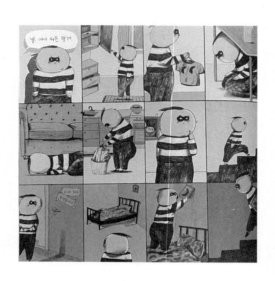

"좋아! 사탕이나 사 먹자!"

사탕을 입에 물고 집으로 돌아오는 소년의 얼굴이
너무도 사랑스럽고 소년을 반기는 강아지도 엄마의
얼굴도 환히 빛납니다. 500원이라는 동전이 어른들
눈에는 아무것도 아닌 적은 돈에 불과하겠지만, 아이
에게는 참 많은 꿈을 꿀 수 있는 행복을 가져옵니다.
물론 자신에게 가장 잘 어울리는 사탕을 사 먹는 일
로 마무리가 되었지만, 이 또한 어린아이가 할 수 있
는 최고로 기쁜 성취입니다. 500원으로는 딱 사탕 하
나 사 먹으면 될 일입니다. 그것으로는 노트북도 못
사고, 가방도 못 사고, 심지어 강아지 간식도 살 수 없
다고 슬퍼할 일이 아닙니다. 젖 뗀 아이가 엄마 품에
서 흡족하게 배부르듯이 지금의 자족하는 마음으로
충분합니다. 그런데 우리는 500원 가지고는 이것도
저것도 할 수 없다고 생각하면서 나이를 먹었고, 그러
는 동안 500원이 줄 수 있는 이런저런 행복 또한 매
번 놓쳐버리고 맙니다.

노르웨이 시인 울라브 하우게Olav H. Hauge는 『어린
나무의 눈을 털어주다』라는 맑은 시집에서 목마른 자
신이 원하는 것은 엄청난 바다가 아니라 물, 이슬처럼

작은 물방울이라고 고백했습니다. 한 모금의 물이 필요한 사람에게 넘실거리며 달려오는 바닷물은 바라던 응답이 아니라 오히려 피하고 싶은 재앙이 될 수 있을 것입니다. 시인 다윗이 크고 높은 마음으로 분에 넘치는 것들을 얻기 위해 힘쓰지 않겠다고 한 기도처럼 오늘 나의 기도도 어린아이와 같은 마음, 500원으로 충분히 기쁜 하루를 보내기를 바라는 마음입니다. 500원으로 노트북이나 자전거를 소원했던 아이의 한순간 바람이 어른들 눈에는 철없고 우습게 보이는 것처럼 잠깐 살다가 사라질 인생들이 바라는 큰집과 천금 역시, 하늘을 나는 새들에게 웃음거리일 수 있습니다. 조금씩 작게 하루 살림의 규모를 정리해야할 필요를 많이 느끼는 이유입니다.

한눈을 파는 것도

어린아이와 같은 마음은 엉뚱하고 기발하게 펼치는 무수한 상상력의 세계를 볼 줄 아는 시선입니다. 이수지 작가의 『동물원』을 보면 어둡고 칙칙한 어른들의 잿빛 세계에서 눈부신 상상의 날개를 펼치는 아이가 있습니다. 엄마 아빠랑 동물원에 간 아이의 얼굴이 기쁨과 설렘으로 가득 차 있습니다. 아이는 엄마 아빠랑 고릴라 집에도 가고, 곰 동산에도 가고, 하마 수영장이랑 코끼리 궁전이랑 기린 마을에도 갔습니다. 또 물새 수영장에도 가고, 원숭이 나라에도 갔습니다. 동물원은 정말 신나는 곳입니다. 아이 시점에서 펼쳐지는 동물원 이야기입니다. 그런데 그림은 이원 중계처럼 나란히 또 다른 하나의 결이 더 펼쳐집니다. 바로 엄마 아빠의 시점입니다. 엄마 아빠는 동물원 구경에 정신이 팔려 아이가 사라진 것을 알아차리고 혼비백산이 되었습니다. 마치 전체 동물원 그림이 회색빛인 것처럼 엄마 아빠의 얼굴이 잿빛이 되어 애타게 소녀의 이름을 부르며 이리저리 찾아다닙니다. 그러다 원숭이 나라 앞 벤치에 누워 곱게 잠들어 있는 소녀를 발견합니다. 양말 한쪽은 물새들이 장난치며 물고 날아가서 벗겨져 있는데도 소녀는 신나는 동물원 나라를 구경하느라 머리끝에서 발끝까지 흥분으로 물들어 있습니다.

이 책에서 어른들의 시점은 어디를 가든지 회색빛으로 보입니다. 아무리 신나는 곳이라도 이미 다 아는 그림인 듯 재미없고 텅텅 비어있습니다. 시이불견視

而不見, 보기는 보아도 보이지 않는 어른들에게는 고릴라도 곰도 하마도 '있지만 없는', 공허한 그림에 불과합니다. 반면 호기심에 가득 찬 소녀는 동물원의 초입에서부터 가슴 벅찬 색과 만납니다. 바로 공작새의 화려한 꼬리에 정신이 팔려서 부모의 손을 놓고 부지런히 공작새 뒤꽁무니를 쫓아갑니다. 어쩌면 이렇게 한눈을 팔고 있을 때 아이는 가장 아이다운 모습으로 빛날 수 있습니다. 이를 증명이라도 하듯 그림에서 소녀의 회색빛 옷은 점점 붉은 빛으로 변했습니다. 그리고 어른들이 하마 수영장에서 욕조 속 더러운 호스에 실망하고 있는 시간에 소녀는 빛나는 공작새와 함께 하마들이 수영하는 아름다운 호수에 도착합니다. 또한 어른들이 코끼리가 없는 흉물스러운 코끼리 궁전에서 당황할 때, 소녀는 코끼리가 시원하게 물을 뿜어내는 코끼리 나라에서 첨벙첨벙 물장난에 신이 납니다. 기린 마을에서도 물새 장에서도 마찬가지였습니다. 어른들 눈에는 그 어디에서나 신기한 것도 신나는 것도 도무지 보이지 않습니다. 어디를 가든 잿빛 세상입니다. 그러나 소녀의 눈에는 모두가 찬란합니다. 어디에서든지 어떻게 해서든지 신나는 놀이에 바로 한눈팔 수 있는 특별한 재능을 지니고 있습니다. 우리

의 희망은 우리 속에서 이 재능을 되살려내는 일일
겁니다.

길과 샛길을 넘나들면서

안셀름 그륀Anselm Grun과 얀 우베 로게Jan Uwe Rogge
는 『아이들이 신에 대해 묻다』라는 책에서 "아이들의
성장은 쉼 없이 달리는 직선 주행이 아니라 때로는
걸음을 멈추기도 하고, 뒷걸음질 치기도 하며, 샛길
로 빠져 하염없이 달리기도 한다"라고 했습니다. 인
간 사회의 규칙과 규범을 자기 것으로 만들려면 샛길
로 빠져봐야 한다는 말입니다. 샛길과 곁길로 빠져보
면서 스스로 경계를 지을 줄도 알고 또 넘어설 줄도
알게 되는 것이니까요. 또 어떤 경우에는 샛길로 빠졌
을 때만 비로소 볼 수 있는 새로운 세계가 있어 아이
들의 딴짓이나 한눈파는 일은 나무랄 게 아닙니다. 우
리 역시도 한눈파는 어린아이와 같이 지금은 가던 길
을 멈추기도 하고, 뒷걸음질 치기도 하고, 샛길로 빠
져보면서 하염없이 걷고 싶습니다. 그래서 조금 늦기
도 하고, 못하기도 하고, 엉뚱한 결과를 내기도 하겠

지만 그렇게 얻은 삶을 좋아하고 싶습니다.

　윤석중 선생의 시 「넉 점 반」네 시 반을 그림과 함께 담아낸 『넉 점 반』이라는 책이 있습니다. 아이가 엄마의 심부름으로 가겟집에 가서 지금 시간이 몇 시인지 물어보며 시작되는 이야기입니다. 1940년대 가난한 시절 집에 시계를 두고 살지 못하던 때의 사랑스러운 장면입니다. "넉 점 반이다"라고 시간을 알려주는 영감님 답을 듣고 아이는 "넉 점 반 넉 점 반" 되뇌며 가게를 나서 집으로 오다가 물 먹는 닭을 보고 한참을 서서 구경합니다. 그리고 다시 "넉 점 반 넉 점 반" 외우며 걸음을 재촉하는데 이번에는 발밑에 줄지어 가는 개미 떼에 마음을 빼앗겨 한참 앉아 구경하고, 그러다가 눈앞에 나풀거리는 잠자리를 따라 걸으며 어딘가를 한참 돌아다니게 됩니다. 여전히 머릿속으로는 "넉 점 반 넉 점 반" 외우면서 입에는 분꽃을 따 물고 "니나니 나니나" 꽃밭의 흥에 폭 빠져버립니다. 아이는 말 그대로 시간 가는 줄 모르고 놀다가 해가 꼴딱 져서야 집으로 돌아옵니다. 그리고 "엄마 시방 넉 점 반이래" 하며 야무지게 시간을 알려주고 있습니다. 이미 식구들은 저녁 밥상에 둘러앉아 있는데 말이죠.

『넉 점 반』에서 시간의 흐름이란 어른들에게나 중요하지 아이에게는 별 의미가 없습니다. 아까 가게에 갔을 때도 넉 점 반이고, 지금 꽃밭에서 노는 때도 넉 점 반이고, 이따가 집에 돌아갈 때도 그대로 넉 점 반입니다. 시간에 매여 끌려가지 않고 시간을 붙잡아두고 즐기며 이 즐거움의 때를 충분히 만끽하고 있습니다. 중세 역사가 자크 르 고프Jacques Le Goff는 "근대성이란, 교회의 시간이 상인의 시간에 자리를 내어주는 것"이라고 했습니다. 중세 시대는 교회의 시간, 즉 종이 울리면 일어나고, 종이 울리면 잠시 멈춰 호흡을 가다듬고, 종이 울리면 일을 마치고 집으로 돌아가는 자연 원리에 따라 삶의 체계가 형성되었는데, 이 시간이 상인들의 시간과 충돌하면서 근대로 옮겨지고 '시간이 돈'이라는 개념이 이기기 시작했다는 뜻입니다.

『넉 점 반』의 이야기는 그동안 시간을 분 단위 초 단위로 쪼개가며 마음의 분주함으로 피곤한 우리 시대에 다시 삼종 소리를 울리게 합니다. 어린 시절 시골에서, 교회를 다니지 않는 어른들도 아침 점심 저녁 시간에 울리는 교회당 종소리를 따라 일과를 보내는 모습이 친숙했습니다. 코로나 팬데믹이라는 특별한 상황을 겪으면서 비로소 우리도 오로지 성공만을 향

해 그 어디에도 한눈팔지 않고 내달렸던 지난 시간을 되돌아보며 저마다 조금씩 느린 마음으로 일상의 소중함을 보살피기 시작했습니다. 그리고 시간과 돈의 지배를 벗어나 돈을 적게 벌지라도 자신을 돌볼 수 있는 자리로 이동하는 일들이 많아졌습니다. 많은 사람이 시간과 돈을 좇아 달려갈지라도 우리 몇몇은 하루 내내 『넉 점 반』이라는 시간에 홀딱 빠져있어도 충분히 괜찮은 이유를 알기 시작한 것입니다.

『신약성경』에 예수님과 친했던 두 자매 마리아와 마르다 이야기가 나오는데(눅 10:38-42), 이 두 자매의 시간 사용에 대한 예수님의 반응이 눈길을 끕니다. 마르다는 예수님을 접대하기 위해 해야 할 일은 많고 시간은 부족해서 마음이 분주한데, 마리아는 예수님의 발 앞에 앉아서 말씀을 듣고 있습니다. 마르다는 정신없이 바빠 일하다가 예수님께 가서 지금 마리아가 일을 거들어주지 않아서 힘이 드니 좀 도와주게 하라고 부탁했습니다. 그러나 예수님은 마르다에게 네가 많은 일로 염려하고 근심하며 일의 노예가 되어 끌려 다니고 있다고 하면서 오히려 마리아는 "좋은 편을 선택"했으므로 빼앗기지 않을 거라고 했습니다. 마리아는 지금 예수님의 말씀을 들을 수 있는 이 좋은 편을 결코 놓칠 수가 없었던 것이지요.『넉 점 반』의 아이가 지금 눈앞에 펼쳐진 신기한 자연과 혼연일체가 되어 그 신비를 온전히 향유하는 모습과 비슷합니다. 우리 역시도 시간의 노예, 돈의 노예가 되는 일에서 벗어나 오늘 우리에게 선물로 허락된 사람들과 자연세계에 흠뻑 취하는 "좋은 편"을 선택하는 일이 많았으면 합니다.

다시, 너의 이름을 부르며

"디크라눔 스코파리움Dicranum scoparium, 플라기오테치움 덴티쿨라툼Plagiothecium denticulayum, 돌리카테치아 스트리아텔라Dolicathecia striatella, 투이디움 델리카툴룸 Thuidium delicatulum, 바르불라 팔락스Barbula fallax."

    따라 읽기도 쓰기도 어려운 단어입니다. 로빈 윌 키 머러Robin Wall Kimmerer의 『이끼와 함께』라는 책에 나 오는 이끼 이름들입니다. 전 세계 곳곳에서 자라고 있 는 이끼가 2만 2천 종의 다른 이름을 지니고 있다고 합니다. 식물생태학자인 저자는 '작지만 우아한 식물' 인 이끼의 고유한 이름을 위해, 세심하고 끈질기게 이 끼를 관찰하면서 번식 방법이나 자라는 모양에 따라 각각 어울리는 이름을 지어줍니다. 그는 "모든 존재

는 이름을 지녔으며, 어떠한 존재를 이름으로 부르는
것은 존경의 표시고 이름을 무시하는 것은 무례함의
표시"라면서 우리에게 식물과의 관계를 구축하는 방
식을 보여줍니다. 책의 후반부에서 요즘 사람들이 아
는 식물 이름은 평균 열 개가 넘지 않은데, 이름을 잃
는 것은 존중을 잃는 과정의 한 단계이고, 이름을 아
는 것은 관계를 회복하는 첫 단계라고 하며 우리 곁
에 있는 존재의 이름들에 존중과 감사해야 할 이유를
가르쳐줍니다. "내가 그의 이름을 불러주었을 때 그
는 내게로 와서 꽃이 되었다"는 김춘수 시인의「꽃」
처럼 이름을 불러준다는 것은 이제 우리가 서로 잘
안다는 증거가 되는 것입니다.

그 이름 누가 다 지어줬을까

시장에 가면 감자도 있고, 시장에 가면 감자도 있
고 고구마도 있고, 시장에 가면 감자도 있고 고구마도
있고 사과도 있고... 이렇게 이어지는 말놀이가 있습
니다. 시장에 가면 정말 별의별 게 다 있습니다. 헤아
릴 수 없을 만큼 많은 이름들을 끝도 없이 부를 수 있

으니 놀이를 계속할 수 있어서 '시장에 가면...'이라는 말놀이가 생기지 않았나 싶습니다. 비슷하게 장소만 바꿔서 이름을 말해도 마찬가지입니다. 바다에, 산에, 학교에, 집에... 어디를 가든 저마다 제 이름을 지닌 존재들이 있습니다. 산길을 걷다가 '애기똥풀'을 보고 그 이름을 부르면, 귀여운 아기가 초록이불에 노란 똥을 예쁘게 싸 놓은 것처럼 와락 정다움이 느껴집니다. 그리고 이내 '이런 다정하고 재미있는 이름은 누가 처음 지어줬을까?'하고 궁금해집니다. 정말 이 세상 천지에 있는 이 이름들을 누가 다 지어줬을까요?

싱어송라이터singer song-writer로 노벨문학상을 수상한 밥 딜런Bob Dylan의 노래에, 짐 아노스키Jim Arnosky가 그림을 더해 만든 『그 이름 누가 다 지어줬을까』라는 그림책이 있습니다. 맨 처음 이 세상이 생길 때, 동물들의 이름을 지어 준 사람이 곰은 왜 곰이고, 양은 왜 양의 이름을 갖게 되었는지 흥미롭게 표현하고 있습니다. 『구약성경』「창세기」를 보면 맨 처음 동물들의 이름을 지어준 아담이 나오는데, 아마도 밥 딜런이 동물들을 보고 이름을 짓는 시인 아담을 상상하며 이 노래를 짓지 않았나 싶습니다. 으르렁대길 좋아하는 동물의 북실북실한 털hair을 보고 "아, 이 녀석은

곰bear이라고 불러야겠군"하고, 가파른 산비탈steep에서 풀을 뜯어 먹고 있는 동물을 보고선 "아, 이 녀석은 양sheep이라고 불러야겠군"하는 식의 말놀이가 맨 처음 동물들의 동산에서 신나게 벌어졌으리라 상상하는 장면입니다. 태초에 존재한 맨 첫 사람의 임무가 이름을 짓는 일이었다는 사실도 흥미롭고, 그 장면을 상상하며 새롭게 이야기를 펼쳐나가는 작가들의 새로운 명명命名의 힘도 즐겁기만 합니다. 그런데 이름을 지어주는 일은 그 이름이 펼쳐 나갈 새로운 세계를 열어주는 일이니, 그만큼 사랑의 책임이 뒤따르기도 합니다. 로빈 월 키머러는 새로운 이끼의 이름을 지어 부르기까지 오랜 시간 사랑의 눈으로 이끼를 바라보며 이끼가 스스로 이야기하도록 기다렸습니다. 이름 하나, 태어나기까지 깊은 사랑의 관심이 필요하고, 다시 사랑으로 그 이름을 부를 때 그 존재가 빛을 드러낼 것입니다. 지금 세상에 존재하는 모든 이름들에는 그런 다정한 미소가 담겨 있습니다.

그 이름 어디에서도 그 이름으로

일생을 누구의 아내로, 엄마로만 지내다가 자신의

이름을 잊어버린 것 같다고 여긴 분들이 감동하며 읽은 책이 있습니다. 김장성 작가의 『민들레는 민들레』라는 그림책입니다. "민들레는 민들레"로 시작하는 이야기는, 어떤 모양이나 환경이나 처지가 달라지고 변한다해도 "민들레는 민들레"라는 확고한 사실을 노래합니다. 아주 쪼그만 싹이 겨우 하나 터서 잘 자랄지 모르는 상황이지만 민들레는 민들레고, 위태롭게 갈라진 옹벽 사이에 끼여 피느라 갈라진 꽃잎일지라도 민들레는 민들레입니다. 혼자 있어도 민들레는 민들레고, 둘이어도 민들레는 민들레인 거죠. 심지어 활짝 피었다 져서 말라비틀어진 꽃대도 민들레고, 훨훨 날아가는 마른 꽃씨 하나도 민들레는 민들레입니다. 어떤 상황, 어떤 관계, 어떤 나이에서도 결코 지워질 수 없는 소중한 이름입니다.

"6411번 버스가 있습니다."로 시작하는 고故 노회찬 의원의 유명한 연설이 있습니다. 그가 2012년에 당대표직을 수락하면서 한 연설인데 많은 사람의 마음에 울림을 주었습니다. 이 버스에 타시는 분들은 매일 새벽 다섯 시 반까지 강남의 빌딩에 출근을 해서 청소를 합니다. 덕분에 수많은 직장인들이 쾌적하게 하루 일을 시작하지만, 그 누구도 이분들을 아는 사람이 없고, 그냥 청소하는 미화원 아주머니일 뿐입니다. 태어날 때부터 이름이 있었지만 그 이름으로 불리지 않고, 존재하되 그 존재를 우리가 느끼지 못하고 살아 가는 이분들의 이름을 찾아주어야 한다는 연설입니 다. 실은 우리 주변에도 이름대신 숫자나 기호로만 불 리는 분들이 많이 있음을 발견합니다. 코로나 환자 1 번, 2번..., 아르바이트 1, 2..., 손님 1, 2..., 그리고 자기 자녀를 향해서도 우리 집 1호, 2호라고 부릅니다. 어 찌 보면 평등한 지위를 부여하는 것 같지만 실제로는 하등하게 자리매김하면서 한 무더기로 아무렇게나 대할 수 있는 정서를 담고 있을 수 있습니다. 그 속에 는 언제든지 경제적인 효용 가치에 따라 임의처분이 가능하다는 위험한 생각이 자리 잡을 여지가 많기 때 문입니다.

가만가만 내 이름을 불러봅니다. 참 좋습니다. 『성 경』은 처음부터 끝까지 이름을 부르시는 하나님의 이 야기이기도 합니다. 하나님이 부르는 이름이 존재가 되었고, 그 존재들은 제 자리에서 제 이름대로 제 모 습을 뿜어내며, 이름을 부여하신 분을 사랑했습니다. 이름들에는 그 이름을 지어준 이의 바람이 담겨 있습 니다. 그러므로 우리가 누군가의 이름을 부를 때, 그가 그 이름으로 살아가도록 응원을 보내는 선물이 될 수 있습니다. 아무리 엉망진창과 같은 상황에서라도 이름이 불리는 순간, 맨 처음에 그 이름을 부여하신 이의 뜻으로 돌아올 수 있는 길이 시작될 수도 있으니까요. 하나님이 이름을 부르실 때 아담은, 무화과나무 잎으로 자신을 위장하고 변장했던 모습을 밝히 드러냈습니다. 야곱은, 일생을 사람과 씨름하며 진을 쏟아내던 악착같은 삶을 스르르 풀었습니다. 이름이 어디에서든지 그 이름으로 불릴 때, 이름에 담긴 바람이 시원하게 부는 것만 같습니다.

비슷하지만 다른 이름, 다른 이야기

스프링 그린spring green, 그래스 그린grass green, 모스 그린moss green, 에버 그린ever green, 아이비 그린ivy green, 로럴 그린laurel green, 세이지 그린sage green, 애플 그린apple green, 올리브 그린olive green, 피스타치오 그린pistachio green, 말라카이트 그린malachite green, 에머랄드 그린emerald green, 패럿 그린parrot green, 피콕 그린peacock green. 아라이 미키新井美樹가 쓴 『색 이름 사전』에 나오

는 초록색에 관련된 이름들입니다. 보통은 녹색, 진녹색, 연녹색, 초록색 정도로 표현하면 다 될 것 같은데 녹색 하나에도 이처럼 다양한 층위의 색 이름이 있다는 사실을 새롭게 배웠습니다. 비슷하지만 각각 다른 이름과 다른 이야기를 지니고 있습니다. 두 딸의 엄마인 사이다 작가의 『고구마구마』라는 그림책은 한 뿌리에서 올라온 고구마 하나라도 다 같은 고구마가 아니라 각각 그 이름이 얼마나 다르고 신기한지 재미있게 표현하고 있습니다.

"고구마는 둥글구마.", "고구마는 길쭉하구마.", "크구마.", "작구마.", "굽었구마.", "털났구마.", "험상궂구마."...

"구마"로 이어지는 다양한 이름들이 그 생김새에 따라 어울리게 붙어 있어 읽을 때마다 웃음이 지어집니다. 한 데 뭉뚱그려서 이런 사람들, 저런 사람들로 표현하기를 좋아하는 사람들과 함께 크게 소리 내어 읽고 싶은 책입니다. 사실 어떤 사건과 사물에 각각 다른 이름을 하나하나 부여하는 일은 세심하고 부지런한 사랑의 시선으로 가능한 일입니다, 고구마 하나도 이런 사랑의 시선으로 보면 그 생김새의 다름뿐만 아니라, 요리법과 먹는 방법에 따라 다시 수십 가지 이름이 만들어질 수 있습니다. "탔구마!", "맛있구마!", "바삭하구마!", "목메구마!"...이렇게 말입니다. 하지만 게으르고 귀찮고 무정한 사람들은 대충 큰 덩어리로 이름을 구분하여 한꺼번에 규정짓고 싶어 합니다. 그런 사람들 앞에서 우리 이름이 무슨 충, 무슨 세대 속으로 사라지는 것 같습니다. 비슷하지만 분명 다 다르고, 각각 다른 이야기를 지니고 있습니다. 다윗은 시편에서 하나님의 선하심을 노래하면서 이렇게 고백합니다.

"상심한 자들을 고치시며 그들의 상처를 싸매시는 도다 그가 별들의 수효를 세시고 그것들을 다 이름대로 부르시는도다"(시편 147:3-4)

하늘의 무수한 별들도 그 이름 하나하나 각각 이름을 붙여 부르시는 분이, 곳곳에 흩어져서 떠돌이처럼 사는 사람들을 한 사람 한 사람 이름을 부르며 모두 데려와서 위로하고 고치신다는 내용입니다. 상심한 사람들의 고민과 상처와 눈물을 일괄처리하지 않고 일일이 개별상담으로 치료해주신다는 뜻입니다. 그러니 이름을 지어주는 일, 그리고 이름을 부르는 일, 이름을 다시 새롭게 부르는 일은, 우리가 살고 있는 이 세상을 좀 더 괜찮은 곳으로 재배치하는 신적인 일입니다. 월트 휘트먼Walt Whitman의 시선 『풀잎』에 나오는 「나 자신을 위한 노래」에서, 한 아이가 들고 온 풀잎을 보고 수백 수천의 이름으로 명명命名하는 시인의 깊고 섬세한 눈길을 배우고 싶습니다. 그래서 너의 이름을 부를 때 수백의 이름을 가만가만 떠올리고 싶습니다.

"한 아이가 물었다. 풀잎이 뭐예요? 손안 가득 그것을 가져와 내밀면서.

내가 그 애에게 무어라 답할 수 있을까…… 그것이 무엇인지 그 애가 알지 못하듯 나도 알지 못하는데.

나는 그것이 내 기분의 깃발, 희망찬 초록 뭉치들로 직조된 깃발이 분명하다고 생각한다.

아니면 나는 그것이 하느님의 손수건이라고 생각한다."

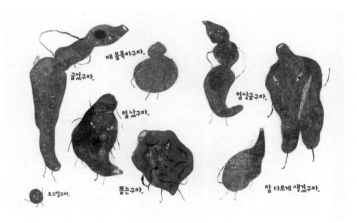

굵었구마.

배 불룩하구마.

멀었구마.

험상궂구마.

뽑는구마.

오구망구마.

참 다르게 생겼구마.

같이 밥 먹어요, 우리

"김정환, 밥 먹자."
"선우야, 밥 먹자."
"덕선아, 밥 먹어라."
"아들, 우리 밥 먹자."

　많은 사람에게 사랑을 받은 드라마 〈응답하라 1988〉의 첫 회 첫 장면과 마지막 회 마지막 장면에 나오는 대사입니다. 친구 집에서 당시 청춘들을 열광시킨 영화 〈영웅본색〉에 빠져 있다가 저녁 6시를 알리는 종소리와 함께, 거리마다 아이들을 집으로 부르는 소리가 들리면 약속이라도 한 듯, 하나둘 일어나 집으로 돌아가는 모습이 인상적입니다. 20화라는 긴 서사를 둘러싸고 있는 말의 처음과 끝이 "밥 먹자"라는 단순한 대사임을 보면서 어쩌면 우리 삶의 처음과 끝이 밥 먹는 이야기라 해도 지나치지 않겠다 싶었습니다. '밥 먹자.' 세상에서 가장 든든한 말이며, 말을 건네준 이와 내가 친밀한 관계로 나아가고 있다는 어떤 표현이기도 합니다. 실제 배가 고픈 사람에게는 물론, 마음이 고픈 사람에게도 위로가 되는 말, '밥 먹자'라는 주제를 담은 그림책을 소개하면서 그림책과 함께했던 안부를 고마움으로 채우려 합니다.

밥 먹자, 하는 말

윌리엄 윌리몬William H. Willimon은 『오라, 주님의 식탁으로』라는 책에서 "성서는 사과를 '먹는' 이야기에서 시작해 어린양의 혼인 잔치 음식을 '먹는' 이야기로 마치고 있다"고 하면서 먹고 마시는 것의 거룩함을 강조하고 있습니다. 사실 『성경』에는 먹는 이야기가 정말 많이 나옵니다. 그중에서 특히 위로가 되는 내용은 깊은 절망 중이거나 죽기 일보 직전의 상황이거나 심지어 죽었다 살아난 자에게 '밥 먹자'고 초청하는 장면들입니다. 정치적인 박해 속에서 생명의 위협을 당하던 엘리야가 로뎀나무 아래 앉아서 하나님께 죽기를 구하다 잠이 들었는데, 주의 천사가 그를 어루만지며 "일어나서 먹으라" 하고 구운 떡과 물을 건네는 장면이 있습니다. 또 예수님의 죽음에 실망한 제자들이 다시 물고기를 잡으러 갔을 때, 예수께서 해변에 숯불을 피우시고 떡과 생선을 구워주시며 "와서 아침을 먹으라"라고 하는 장면이 있습니다. 모두 가슴이 뭉클해지는 특별한 순간들입니다. '밥 먹자' 하는 말은 분명 '다시 살자' 하는 말이고, '조금 더 힘을 내자' 하는 말이고, '잘 버텨보자' 하는 말이고, '이제 괜찮아' 하는 말로 들리는 참 좋은 말입니다.

『밥 먹자!』라는 제목으로 된 한지선 작가의 그림책은 한여름 장날에 손수 키운 것을 팔러 나온 농부들로 시끌벅적한 장터를 흥겹게 보여주고 있습니다. 책을 펼치면 장터를 옮겨놓은 것처럼 고추, 마늘, 호박, 오이, 수박, 참외…로 넘쳐납니다. 그런데 타들어가는 날씨에 이를 사는 사람들은 없고 싱싱했던 채소는 시들해지고, 고추들이 흐물흐물 녹기 시작합니다. '아이고, 뭔 일 이래! 어떡해!' 여기저기 탄식이 터져 나오는 순간입니다. 그때 농부들이 커다란 통을 들고 왔고, 양오리 할머니가 숟가락을 들고 "밥 먹자!" 하고 외칩니다. 그 소리에 한쪽에서는 밥을, 한쪽에서는 열무, 당근, 파, 기름…
을 가져와서 흐물흐물 녹아가는 고추와 함께 비비고 비
벼서 장터의 모든 사람이 배부르게 먹었습니다. 그리고
집에 갈 시간이 되자, 다들 빈 짐으로 가게 되어 좋다고
했습니다. 가지고 온 것들을 다 팔아서가 아니라, 팔지
못한 것들을 다 같이 나눠 먹어서 짐이 가벼워진 것입
니다. 그들의 즐거움은 뭘 팔아서가 아니라 다 같이 뭘
먹을 수 있어서였습니다. 애써 키운 작물을 돈으로 바
꾸지 못하고 버릴 수밖에 없는 상황이었지만 누군가의
"밥 먹자!"라는 말과 함께, 너나없이 가지고 있는 것들
을 내놓고 함께 비빔밥을 해 먹는 즐거움에 진짜 배가
불렀겠지요. 이제 날은 더 뜨거워질 것입니다. 흐물흐
물 고추가 녹고 지금 우리가 지닌 것들도 점점 녹아 없
어지고 있습니다. 더 늦기 전에 같이 밥 먹자고, 내 것
도 내놓고 네 것도 내놓고 다 같이 비벼서 서로의 짐을
가볍게 하자고 사람들을 초대하고 싶습니다.

우리를 돌아오게 하는 밥 냄새

밥 먹는 이야기를 나눌 때마다 가장 먼저 모리스 샌

닥Maurice Sendak의 『괴물들이 사는 나라』가 생각납니다. 개구쟁이 맥스라는 아이의 현실과 상상을 통해 이 책을 읽거나 읽어주는 이들에게 특별한 울림을 주는 책입니다. 긴 꼬리의 늑대 옷을 입고 온 집안을 소란스럽게 만드는 맥스라는 아이가 엄마에게는 골칫거리였나 봅니다. 그래서 "이 괴물딱지 같은 녀석!" 하고 소리칩니다. 그러면 맥스는 그 소리에 같이 맞받아 "그럼, 내가 엄마를 잡아먹어 버릴 거야!" 하고 소리칩니다. 아이들이 있는 어느 집에서나 들릴 법한 소리들이죠. 그러자 엄마는 화가 나서 저녁밥도 안 주고 맥스를 방에 가둬 버렸습니다. 방에 갇힌 아이는 오히려 이제부터 상상에 상상을 더하면서, 방 안 가득 나무와 풀이 자라고 천장까지 나뭇가지로 덮으며 아이만의 특별한 세상을 만들어 냈습니다. 심지어 그 속에서 배를 만들어 넓은 바다로 항해를 떠나기도 합니다. 어른들은 아이를 가두었지만, 아이들은 상상의 바다를 항해하는 새로운 이야기를 만들어 나갑니다. 그런데 맥스가 도착한 곳은 괴물들이 사는 나라였습니다. 걸핏하면 엄마가 '괴물딱지 같은 녀석'이라고 했으니 자기와 같은 존재들이 있는 곳을 찾아간 거겠죠.

괴물 나라에 도착한 맥스는 한바탕 호통을 쳐서 그

곳의 괴물들을 평정하고 괴물들의 괴물이 되어 괴물 소동을 벌입니다. 사나운 이빨과 발톱을 드러낸 거대한 괴물들이 맥스와 함께 우르릉 꽝꽝! 쿵쾅쿵쾅! 난리를 떨며 야단이 났습니다. 괴물들의 커다란 눈은 하나같이 발광의 색을 내며 맥스의 장난에 열정적으로 가담하고 있습니다. 그러다 문득 괴물 나라 왕 맥스에게 쓸쓸함이 덮쳐오고, 자기를 사랑해주는 사람들에게 돌아가고 싶어집니다. 마침내 맥스는 괴물 나라 왕을 그만두고 괴물들이 사는 나라를 떠나기로 결심합니다. 맥스의 마음이 갑자기 바뀌는 장면에서 결정적인 역할을 한 것은, 바로 세계 저편에서 풍겨오는 저녁밥 냄새였습니다. 이 참을 수 없는 저녁밥 냄새에 맥스는 괴물들의 으르렁거리는 무서운 소리와 부드득 이빨 가는 소리와 뒤룩거리는 눈알과 무서운 발톱과 작별 인사를 했습니다. 제 자리로 돌아온 맥스의 방에는 따뜻한 저녁밥이 기다리고 있었습니다. 사랑으로 차려진 밥상과 함께 아이의 소란한 마음도 가지런히 차려진 셈입니다.

맥스를 기다리고 있는 저녁밥이 아직도 따뜻하다는 마지막 문장으로 보아, 어쩌면 아까부터 맥스의 방에 저녁밥이 차려진 듯합니다. 말썽꾸러기 아이를 방에 가둬놓았지만 그래도 사랑스러운 아이를 굶겨 재울 수는 없었겠지요. 그래서 엄마는 몇 번이나 문을 열고 나와서 밥 먹자고 했을 듯하고, 자존심 상한 맥스는 말썽 피우기를 그만두지 않았던 것 같습니다. 그 마음을 알기라도 하듯, 먹고 싶을 때 먹으라고 방에 차려놓은 저녁밥 냄새가 계속해서 맥스를 어루만져 주었을까요. 그 저녁밥 냄새와 함께 조금씩 순해졌을 아이의 얼굴이 상상이 됩니다. 엄마의 '밥 먹자!' 하는 부름은, 소리만으로도 우리의 허기진 마음을 달랠 뿐 아니라 사나운 마음도 부드럽게 해주는 특별한 양식입니다. 문태준 시인은 「어떤 부름」이라는 시에서 "밥 먹자"하고 하시는 어머니의 부름을 멀리서 울리는 천둥원뢰遠雷으로 표현하기도 했습니다. 아무리 먼 길을 떠났더라도 어디선가 울리는 '밥 먹자!'는 소리가 집으로 돌아오는 이들의 발걸음을 따뜻하게 해줄 것입니다.

사는 맛을 나누다 보면

외딴집에 혼자 살면서 고단한 날들을 보내고 있지만 특별한 비법으로 만든 빵으로 아이들의 입맛을 사로잡는 할머니 이야기가 있습니다. 안나마리아 고치 Annamaria Gozzi가 쓰고 비올레타 로피즈Violeta Lópiz가 그린 『할머니의 팡도르』라는 그림책입니다.

나이를 잊은 지 오래된 할머니는 하루속히 죽기를 기다리다가 크리스마스가 다가오는 어느 날, 크리스마스 빵 팡도르를 만들고 있었습니다. 그때 하얀 눈길 위로 죽음의 검은 그림자가 할머니의 외딴집 문을 두드렸습니다. 죽음의 사신이 할머니를 데리러 온 겁니다. 그런데 할머니는 이제 막 크리스마스 빵에 넣을 소가 완성될 참이니 잠깐 기다려달라고 부탁합니다. 이제껏 누구도 기다려준 적 없었던 사신이 할머니를 향해 죽음의 팔을 뻗는 순간, 할머니는 간이나 봐달라며 들고 있던 나무 주걱을 사신의 입속에 밀어 넣었고, 사신은 거절할 새도 없이 입안 가득 퍼지는 부드럽고 달콤한 향에 당황했습니다. 정신을 차리려는 순간, 이 사이에서 달콤한 건포도 조각이 빠져나오면서 사신은 그만, 할 일을 놓치고 말았습니다. 분한 마음을 삭이며 다시 외딴집을 찾아간 사신은 할머니의 다정한 환대와 함께 온갖 풍미로 가득한 빵을 먹고 감탄했습니다. 생의 맛, 사는 맛을 경험하는 따뜻한 순간이었습니다. 죽음을 전달하는 사신이 삶의 황홀한 맛을 진하게 맛보는 역설의 순간이었습니다. 죽음의 망토를 뒤집어쓰고 음산한 기운으로 죽음을 전달하는 사신이 할머니의 빵 만드는 과정을 따라 한 발 한 발 생의 곁으로, 산다는 것의 진한 맛 속으로 빠져들게 된 것입니다.

죽음의 사신은 마침내 시커먼 망토 대신 화사한 숄을 걸치고 아이들과 함께 둘러앉은 크리스마스 식탁에서 할머니의 금빛 팡도르에 감탄했습니다. 더는 할머니를 데려가야 할 임무를 수행할 자신이 없어졌습니다. 하지만 할머니는 자신이 가야 할 길을 알았습니다. 크리스마스의 달콤한 식탁을 나눈 할머니는 자신의 비밀 레시피를 찰다cialda 속에 숨겨서 아이들에게 남겨주고 사신에게 이제 갈 길을 가자고 합니다. 크리스마스를 앞두고 하루하루 빵 반죽의 기다림과 함께 열정적인 기다림의 연속 속에서 최고로 맛있는 팡도르를 만들어 아이들을 대접하고, 심지어 자신을 데리러 온 죽음의 사신마저 환대하는 일을 마친 할머니는, 이제 사신의 뜨거운 영접을 받으며 죽음의 숄에 감싸였습니다. 그림책 전체에 할머니의 빨간 스카프와 사신의 검은색 주머니가 교차하며 삶과 죽음이 같이 다니면서 우리 곁에 있음을 보여주는 듯합니다. 실제 죽음의 사신이 아닐지라도 우리 곁에는 생의 맛을 알지 못하고 어두운 주머니를 뒤집어쓰고 다니는 헛헛한 마음들이 많습니다. 할머니의 팡도르처럼 황홀한 맛은 아닐지라도 그들의 어두운 얼굴에 한 점 환한 빛을 내게 할 수 있는 맛을 나눌 수 있다면 얼마나 좋을 까요?

정혜신 선생이 쓴 『정혜신의 사람 공부』를 보면 세월호 사건 때에 남편과 함께 '치유공간 이웃'이라는 공간을 만들고 유가족들과 집밥을 해 먹는 이야기가 나옵니다. 당시 정부와 전문가들이 유가족들을 위해 심리상담소를 만들어 운영했지만 황망함 속에서 유가족들이 상담을 받을 수 없는 형편을 살피며 시작한 일입니다. 혼자 와서 식사를 하고 말없이 나가더라도 한 끼 따뜻한 집밥을 먹고 힘을 얻을 수 있도록 독상으로 차려졌습니다. 이 밥상 앞은 상처 입은 마음들이 조금씩 온기를 경험하면서 다시 세상으로 나아가기 위해 필요한 양분을 공급받는 자리가 되었습니다. 1인 밥상은 혼자가 아닌 '우리'를 느낄 수 있는 환대의 자리가 되었습니다. 프레드릭 비크너Frederick Buechner가 말한 "인간으로서 경험하는 최고의 순간은 잠시 나이기being me라는 쳇바퀴에서 벗어나 우리이기being we라는 풍경 속으로 들어가는 순간들"의 의미가 겹칩니다. 사랑으로 따뜻한 음식을 준비해서 누군가와 음식을 나누는 일은, 우리가 우리 되는 가장 좋은 방법입니다. 할머니의 팡도르처럼 나만의 비밀 레시피가 있는 음식 하나를 훌륭히 만들고 싶어집니다. 언젠가 죽음의 사신마저도 기절시킬 수 있는 맛을 내기 위해 좀더 기다리며 사는 맛을 익혀 보겠습니다. 아직은 어설픈 제 그림책 밥상을 맛있다고 격려해주셔서 고마웠습니다.

같이 밥 먹어요.
우리.

나가는 말

오랫동안 책 만드는 자리에서 좋은 글을 읽고 매만지며 글이 좋고 책이 좋아 밤새워 일하면서도 마냥 즐거웠습니다. 그러다 어떤 계기가 있어 글이 무섭고 그 글을 쓰는 사람도 싫어지는 날이 이어졌습니다. 좋은 글과 달콤한 말들이 한꺼번에 물리는 음식처럼 보기 싫어졌고 소화하는 것도 힘들었습니다. 그때 추천받은 숀 탠의 『빨간 나무』는 말 그대로 충격적이었습니다. 모든 것이 점점 더 나빠지기만 하는 것 같은 절망적인 일상에 깃든, 보일 듯 보이지 않는, 그러나 어떤 순간 어떤 환경에서든지 조용히 실재하는 희망을 보여 주는 그림책이 내 마른 눈을 적시고 며칠 동안 어둠 속 미로 같았던 머릿속을 환히 비춰 주었기 때문이지요. 다시 뭔가를 할 수 있을 것 같은 힘이 났습니다. 다시 누군가를 만나 이 책 이야기로 무슨 대화든 시작할 수 있을 것 같았습니다. 그렇게 그림책에 빠지면서 숀 탠의 책을 다 읽고 싶어서 한 권 한 권 읽다가, 이민자들의 깊은 고통과 슬픔 그리고 가난한 자들의 따뜻한 연대가 사실적으로 묘사되어 가슴을 먹먹하게 만드는 『도착』이라는 책을 만났습니다. 그 안에서 글자 하나 없이 그림만으로 펼쳐지는 웅장한 서사는 한 편의 영화보다 더 선명하게 다가왔습니다.

그림책을 선물하기 시작했습니다. 인생의 깊은 밤을 지나는 이에게, 말이 어눌해서 고민하는 이에게, 무거운 죄에 눌려 사는 이에게, 엉엉 울고 싶어 하는 이에게, 결혼하는 이에게, 퇴직하는 이에게, 혼자 있고 싶어 하는 이에게, 이별하는 이에게…. 상황에 따라 그에 맞는 그림책을 골라 선물하다 보니 정말 그림책에는 다 있었습니다. "내가 정말 알아야 할 모든 것은 유치원에서 배웠다"는 말처럼, 선물과 함께 내가 전하고 싶은 모든 이야기가 그림책에 있었습니다. 예컨대 너무 바빠서 제대로 자기 자신을 잘 돌아보지 못하는 친구에게 요안나 콘세이요의 『잃어버린 영혼』과 같은 책을 선물하면 어김없이 눈물 어린 답장으로 돌아왔습니다. 그림책 선물은 무엇보다 받는 이가 독서의 부담을 느끼지 않는 장점이 있었고, 때로는 그 자리에서 같이 읽으며 대화의 물꼬를 새롭게 틀 수 있었습니다. 지금도 친구들과 같이 동네 책방에 가는 일을 좋아하는데 그때마다 그림책을 선물하곤 합니다. 전하는 이와 받는 이의 공감이 가장 빠르게 일어나는 현장이 되는 것 같습니다.

강의 시간에 그림책을 즐겨 사용해오고 있습니다. 한 기관의 대표를 맡아 일하다 보니 어떤 행사의 시작이나 마무리에 메시지를 전할 일이 많았습니다. 그때마다 『성경』 본문에 맞게 그림책을 한 권씩 소개하며 말을 시작하거나 끝을 맺곤 했는데, 적잖은 분들에게 감동이었다는 인사를 받기도 했고 실제로 현장에서 눈물을 흘리며 강의를 듣는 청중의 모습을 보는 일도 많았습니다. 20세기 이솝으로 불리는 레오 리오니의 책들을 거의 대부분 사용했고, 존 버닝햄, 숀 탠, 사노 요코, 권정생, 노인경, 정진호 등 좋은 작가들의 작품에 기대어 메시지를 전하다 보면 매번 내 어쭙잖은 생각들을 넘어서는 아름다움을 만나며 나부터 매료되곤 했습니다. 그동안 그림책을 어린이들의 전유물로 알고 있었던 어른들이 위로와 감동을 받으면서, 새삼 어느 집에나 넘쳐나는 그림책들 속에 우리가 배워야 할 지혜가 눈물과 웃음을 품은 채 기다리고 있음을 발견하게 됩니다.

C. S. 루이스Clive Staples Lewis는 『이야기에 관하여』라는 책에서, "유년기에만 읽을 가치가 있는 책은 유년기에도 읽을 가치가 없다는 것이 저의 견해입니다"라고 했는데, 그림책이야말로 유년기를 넘어 모든 연령의 사람들에게 필요한 것 같습니다. 최근에는 오히려 어른들이 그림책에 뜨거운 관심을 가지는 것을 발견하면서 그림책이 건네는 위로의 특별함을 생각해 보았습니다. 좋은 그림책은 나이를 초월하여 모든 사람에게 지금 이 순간

의 삶에 대한 뭔가 특별한 경험을 주는 것 같습니다. 지금 이 순간이 답답할 때 숨 쉴 수 있는 작은 창문 하나 열어 주는 것 같고, 막다른 길목에 들어선 것처럼 당황스러운 때 순간 겨드랑이에 날개 하나가 돋는 것처럼 기분이 좋아지게도 합니다. 그림책 읽기를 통해서 받아들여야 할 어떤 대답을 얻어서가 아니라, 그냥 지금 부닥친 문제들과 같이 뒹굴고 놀아도 괜찮다는 응원을 받아서인 것 같습니다. 어쩌면 어른이 되면서 우리는 너무 자주 억지로 답을 찾아 욱여넣으려고 노력하다 지치게 된 것은 아닌지 모르겠습니다. 그래서 짧은 글과 깊은 울림을 주는 그림으로 된 책에 마음을 빼앗기며 '휴~' 하고 안도의 숨을 가만가만 몰아쉬는 듯합니다.

언젠가 목사님 몇 분과 함께 그림책을 읽으면서 『성경』 읽기를 했는데, 그중 한 분이 그동안 시골 교회 어르신들께 설교하면서 너무 딱딱하고 마른 말들로 피곤한 분들을 더 피곤하게 하진 않았는지 자책하며 눈시울을 붉혔습니다. 그분들의 언어로, 자연과 가까운 언어로 얼마든지 『성경』을 쉽게 풀어 나눌 수 있었는데 그러지 못했다고 아파하면서, 앞으로는 강단에서 내려와 그분들과 둘러앉아서 두런두런 이야기하듯 『성경』을 전하고 싶다고 했습니다. 어쩌면 지금은 높은 강단에서 '이래라 저래라'하는 지시와 동원의 언어에 사람들이 이미 신물이 나 있는 시대입니다. 권위 있는 누군가의 가르침에 귀를 기울이기보다 저마다 자기 자리에서 제 목소리

를 내며 끄덕여 주는 작은 몸짓들에 마음이 흔들리는 시
대입니다. 그러니 강단에서 내려와 서로의 눈을 응시하
며 이야기에 이야기를 덧대어 새로운 이야기를 지어나
갈 수 있는 자리를 마련할 때입니다. 그림책, 또는 시와
소설, 자연과 환경 이야기를 『성경』과 함께 나누는 모임
들이 많아지면 좋겠습니다.

버락 오바마Barack Obama가 미국 대통령일 때 어느 부
활절에 어린이들을 백악관으로 초청하여 그림책을 읽
어 주었습니다. 오바마와 미셸Michelle Obama 대통령 부
부는 온몸으로 소리 내어 모리스 샌닥의 『괴물들이 사
는 나라』를 읽어 주면서 아이들의 상상력을 응원했습니
다. 이 책은, 방안에 갇혀서 어떤 상황에서든지 상상력을
펼칠 수 있는 어린이다움의 유쾌한 매력을 보여 주지만,
한편으로는, 이런 그림책을 읽지 않고 이런 상상력을 펼
칠 수 없다면, 괴물들이 사는 나라에 갇힐 수밖에 없음
을 보여주는 책이기도 합니다. 그러니 어른들이 읽어야
할 책인 거죠. 우리는 아이들에게 '저런 괴물딱지 같은
녀석!'하고 혀를 차지만, 오히려 아이들은 우리 어른들
이 만들어 놓은 '괴물들이 사는 나라'에서 지금 숨도 못
쉬고 고통스러운 시간을 보내고 있을지도 모르기 때문
입니다. 바리기는 권력의 자리에 있는 이들이 오히려 더
그림책을 읽으면 좋겠습니다. 그림책 읽어 주는 목사, 그
림책 읽어 주는 교회 언니, 그림책 읽어 주는 소리들이

여기저기에서 많이 들리는 공동체라면 적어도 괴물들의
자리는 없을 테니까요.

© 모리스 샌닥, 『괴물들이 사는 나라』, 시공주니어(2002)

이 책에 나오는 그림책들

어둠이 찾아오면, 밤을 켜세요

천둥치는 밤
밤을 켜는 아이
바람이 멈출 때

말없이 들어주는 말들

나는 강물처럼 말해요
가만히 들어주었어
나는 개다

무수한 감정으로 다시 피는 봄

우산을 쓰지 않는 시란씨
까마귀 소년
위를 봐요!

죄책감에 대한 변호를

오줌이 찔끔
감기 걸린 날
슬기로운 소시지 도둑

어린아이와 같은 마음으로

500원
동물원
넉 점 반

다시 너의 이름을 부르며

그 이름 누가 다 지어줬을까
민들레는 민들레
고구마구마

같이 밥 먹어요, 우리

밥 먹자!
괴물들이 사는 나라
할머니의 팡도르

안녕, 안녕

초판 1쇄 발행
2022년 10월 20일

지은이 김주련
펴낸이 이재원

펴낸곳 선율
출판등록 2015년 2월 9일 제 2015-000003호
주소 경기도 구리시 동구릉로 148번길 15
전자우편 1005melody@naver.com
전화 070-4799-3024 팩스 0303-3442-3024
인쇄 · 제본 성광인쇄

ⓒ 김주련, 2022

ISBN 979-11-88887-18-7   03230

값 13,000원